SHODENSHA
SHINSHO

親鸞《しんらん》と道元《どうげん》

五木寛之
立松和平

祥伝社新書

親鸞と道元●目次

第一章　私の道元、私の親鸞

第二章　戒律を守った道元、破戒した親鸞

第三章　「宿業《しゅくごう》」とは何か

第四章　親鸞と道元は、何が新しかったのか

第七章 宗教は何かの役に立つのか

第八章　現代における道元と親鸞

この作品は、二〇一〇年十一月に四六判として刊行されたものの再刊です。

第一章　私の道元、私の親鸞

「命のデフレ、魂の恐慌《デプレッション》」の時代

五木　台風が昨夜から今日ぐらいに関東を直撃するだろうというので、今日の対談がうまくできるか心配していたんですよ。学校も全部休校になっていたみたいですね。しかし、意外に早く台風が去り、今日のお昼ごろにはもう青空が見えて、本当にいいお天気になりました。台風一過。昔の人はうまいことを言ったものだ。

立松　昨日と一昨日と、僕のところに北海道の息子が来ていましてね、子どもを連れて。要は僕にとっては孫なんだけれども。

五木　え？　立松さん、もう孫がいるんですか。

立松　孫がいるんです。子どもが勝手に産んだ子どもですから、僕には関係ないですけど(笑)。

五木　あなたを見ているといつまでも万年青年というか、万年学生みたいな雰囲気だけども。

立松　孫が「札幌こどもミュージカル」というのに入っていて、その東京公演を新国立劇場でやっていましてね。それを見に行ったんですが、そこに皇后の美智子さまが来ておられました。それで公演の最後に、子どもたちが歌を歌うんです。「ここへ来てくれてありがとう。いつまでも心の温かい人でいてください」という歌なんですが、これがすごくよかったですね。ミュージカルもよかったですけれど、その歌もよくて。

五木　美智子皇后ですか。あの方は、昔、作詞をなさったことがあった。

立松　ほう。

五木　いまから四十五、六年前に、僕が某レコード会社専属の作詞家だったころに、その当時ですからドーナツ盤のレコードをつくっていたんです。僕は学芸部というセクションで童謡や子どもの歌を専門につくっていたんですが、「こんにちは赤ちゃん」のようなタイプの歌を書いて出したときに、A面が美智子皇后の、当時は妃殿下でしたが、ご自分で詞を書かれた「ねむの木の子守歌」という曲で、B面に僕の書いた歌が収録されたんです。

その当時、「裏待ち詩人」という言葉がありましてね。なかなかレコードが売れない作詞家はB面の受け持ちなんですが、A面が大ヒットするとB面の作詞家にも印税が入ってくるわけです。

立松　A面とB面の印税に差はあるんですか。

五木　いえ、ないんです。

立松　ないんですか。

五木　ええ。A面、B面、同じなんです。ですからA面が大ヒットすると、裏面の詞を書いている作詞家にも同じ印税が入る。それで表のヒットを裏で待つという意味でレコード業界には「裏待ち詩人」とかいう言葉があった（笑）。そのときは美智子妃殿下の「ねむの木の子守歌」という曲が相当ヒットしましたから、僕もかなりお小遣いをいただいた記憶があるんです。

立松　そうですか。僕は美智子皇后とは間近でお顔を拝見したというわけではないけれど、お会いするのは初めてなんです。皇太子とは何度かお会いしたことはあるんだけど。

本当にニコニコされていて、ああ、こういう人が、国民っていうか日本人に愛されているんだなって、その理由がよくわかりましたね。天皇制というと、ものすごい歴史を背負っているわけですけれどもね。ああいう方がおられて微笑で癒《いや》すようなね。

五木　日本の憲法では天皇は日本の象徴でしょう。それで軽井沢のテニスコートで、当時の美智子さんが若々しいスカートをはいて、テニスのラケットを持って、皇太子殿下とご一緒にテニスをなさっていたわけですから、本当に皇室の青春という感じだったな。あのころは明るかったですね。

でも、それと比べると、いま日本人の置かれている状況というのが何ともいえない一種の魂《たましい》のパニックというか、そういうところへ落ち込んできているように思えます。ですから、かつての皇室があんなに明るかった時代のことが、ちょっと夢のように感じられますね。いま日本も暗いけれど、皇室もなんとなく暗い感じが……。

立松　五木さんがうつの時代とおっしゃっているけれど、いまは皇室こそ、うつですね。

五木　美智子皇后もやさしくお笑いになっているけれども、その心労たるや相当なものがあるだろうと、心中をお察《さっ》しするところがあるんですが。

二〇〇八年の九月だったと思いますが、日本の新聞史上初めてという出来事があったんです。「朝日新聞」の一面のトップに「自殺者十年連続三万人を越える」という見出しが出たんですよ。新聞というのは百数十年の歴史を持っているわけだけれども、「自殺」という大きな活字が一面のトップにきたのはこれが初めてだと思います。

だいたい自殺の記事というのは社会面の左隅のほうに小さく載《の》るのが普通でしたからね。楽しくもないし、自殺の記事を喜ぶ人はそんなに多くありませんから、昔はあまり大きな記事にならなかった。ところが平成十年あたりから自殺者が年間三万人を超えるようになってきて、自殺がいろいろと大きく扱われるようになってきている。

例のリーマン・ショックのことを、グリーンスパンは「百年に一度の危機」という表現で表わしましたけれども、それどころではありません。日本人の魂というか、心が、神代《かみよ》以来の最大の危機に直面しているんじゃないか。大不況、大恐慌のことを経済用語でデプレッションといいますね。心理学の用語でも、うつ状態のことをデプレッションというらしい。

いつか僕がデプレッションという言葉を使ったら、ある経済学者から討論会の席上で、それはちょっと過激であまりよくない、エコノミック・スローダウンと言ってほしいと言われたんだけれど、僕はそうは思いません、と言ったんですね。経済だけではなくて、いま日本人の心が劇的な状態で心の恐慌というか、命のデフレというか、危機に瀕《ひん》しているんじゃないか。

立松　瀕していますね。このあいだテレビを見ていたら、貧しくて子どもにご飯を食べさせることもできなければ、病気になっても病院にも連れていけない、という母親をあつかった小さなドキュメントがありました。それを見ていたうちの妻が、「このお母さん、子どもにご飯を炊《た》かないのかしら」って言うんですよ。

五木　ということは、食べ物はみな買ってくるという意味？

立松　そう。それでお金がないと言っているのなら、それは疑問符ですよ。いくらお金がないとはいっても、お米は買えるでしょう。ご飯を炊いておけば、あと味噌汁をちょっと野菜かなんかでつくれば、ご馳走とまではいかなくとも、どんなにお腹が空《す》いたって、本当に飢えることはない。なんでも不況のせいにしてしまうのはおかしいでしょう。生きる力そのものが非常に弱くなっているように思うんですね。

お米だけ買っておけばいいんだから、安いもんですよ。魚沼《うおぬま》のコシヒカリだって、高いといっても、五キロ三千円ぐらいで買えますから、一袋買っておけば相当もつわけですよね。貧しさの質が何かこう、以前とは違ってきている。精神的なものも含めて根底から貧しくなってきている。僕らの子ども時代も、五木さんの時代も、今よりもっと貧しかったと思うけれど。

五木　もっと貧しかった。

立松　僕は終戦後の混乱期の子どもだけれども、それでもお腹が空いた覚えはない。それは本質的な意味で、ですよ。それから貧しいと思ったことさえもないわけですよ。いまは、ちょっと派遣切りか何かに遭《あ》うと、もうすぐに生活保護に駆け込むわけですよね。

本来人間の力はすごいものです。僕は去年、仕事で日本ではじめて南極を探険した白瀬矗《しらせのぶ》の小説を書いたんですけれど、実際に南極に行って、白瀬矗という人物と何となく出会ったような気がしました。白瀬矗が南極に行ったのは二百トン足らずの漁船を改造した木造帆船なんですよ。

南極点到達に成功したアムンゼンの一行と現地で会っていますが、彼らはそれを見てびっくりするわけです。「何だこれは。よくこんな船で南極までやってきたな」と言って。でもはじめはバカにしていたのが、よくこれで来たなという尊敬の念にだんだん変わっていくんですよね。現代の日本人が失ってしまったものの一つは胆力ですね。

五木　胆力。ふーむ。度胸という意味ですか。

立松　度胸とか、逆境に負けない力とか、そういうものが本当になくなったなという感じがしますね。

『道元禅師』で親鸞賞の驚き

五木　これまで立松さんは、足尾《あしお》銅山鉱毒事件の話とか、学生の政治闘争の話とか、あるいは少年小説とか、いろんなジャンルの小説をずっと書き続けてきたわけですよね。その中で、立松さんが平成十九年に『道元禅師』という本を出されたときは、「おっ」という感じがしました。

しかも、この本では立松さんは「親鸞賞」という賞を受けられた。

立松 もう本当にびっくりしました（笑）。

五木 さらにこの作品は「泉鏡花文学賞《いずみきようか》」も受賞されたわけだけれど、道元を書いて「親鸞賞」を受けたということは、いささか意外でした。

立松 僕もそう思いますよ。要するに仏教では、道元と親鸞というのは対極にあるような感じがしますよね。けれどよく考えてみると対極にあるようでいて、そうでもない。自力《じりき》、他力《たりき》と一言でいうけれども、自力の仏教というのは、実はないと僕は思っています。仏教はみんな他力ですよ。たとえば道元にしても、「仏の家に身を投げ入れる」というのは、究極的な他力の言葉だと思うんです。

自力だと頑張っていても、実はやっぱり他力なんだと僕は思っているのです。でも、それにしても、道元の、坐禅をし抜く「只管打坐《しかんたざ》」という方向と親鸞聖人の念仏とは、ずいぶん違いますよね。形だけでなく、考え方も相当に違う。

五木 「親鸞賞」受賞のときは、選考委員の方が理由とか評価とか、何か述べられたでしょう。道元を書いて、何で「親鸞賞」かという話は誰かされましたか。

立松　いや、特になかったと思います。「親鸞賞」は日本文化そのものがテーマで、日本文化を書いたというのがその趣旨のようですね。

五木　立松さんは早くから法隆寺《ほうりゆうじ》に通ったり、仏教についての関心を深められていて、一種の修行を長くやっていたということをよく知っているものですから、『道元禅師』の連載のときも、僕は何の違和感もなかった。でも、中にはちょっとびっくりした人もいたかもしれない。

僕も今年（二〇〇九年）、『親鸞』という小説を書いたのですが、道元とか親鸞というテーマで出版社が本を出してくれるということは、これはある意味では稀有《けう》なことなんですよ。

立松　そう言われてみるとそうですね。

五木　新聞に連載したとき、宗教家を主人公にした小説などというのは、多くの新聞社が手を挙げてくれるとはとうてい思えなかったから、やっぱり時代がそういうものに対して、なにか求めているところがあるのかなと。

立松　僕は、五木さんが親鸞を書くというのはすごくよくわかるんです。昔から「いつか親鸞を書く」と、折あるごとにおっしゃるのを聞いていましたから。

ただ、地方紙といっても、それこそ日本中、どこに行っても載っていましたね。本当に、あれこそ稀有な例じゃないですか。僕も地方紙で書いたことがあるけれども、どこに行っても載っているということはなかったですね。

五木　それができたということは、いろいろなプランニングとか仕掛けがどうのということではないんです。やっぱり僕は、ある意味では他力主義者ですから、そういうものを受け入れてくれる風が吹いてきたのかな、と考えるんです。

立松さんの『道元禅師』は上下巻の堂々たる分厚い本で、しかも「泉鏡花文学賞」と、「親鸞賞」とのダブル受賞でした。

立松　はい。

五木　それだけではなく、あの大作が発売以来、順調に版を重ねているというのもすごいと思う。出版不況とかいわれている時代ですから。

立松　もちろん五木さんには及びもつきませんけれども、僕の作品の中では売れたほうです。僕は絶対に売れないと思っていた。しかし出版社の人が「出したい」と一生懸命に言うもんだから、そんなに言うならやってもらおうかというぐらいの軽い気持ちで、内心、これは失敗して出版社に負担をかけちゃうなと思った。だって全部で二千百枚ですよ。

五木　うーん。

立松　四百字詰原稿用紙二千百枚で、しかも連載していた雑誌が、永平寺《えいへいじ》の「傘松《さんしょう》」という機関誌です。だから読む人は限られていたんです。

五木　いつごろから「傘松」の連載は始まったんですか。

立松　十年前からです。十年間で百回連載しました。

五木　十年。それは勢いに任せて書いたというのではなくて、コツコツと歩き続けたという感じの作品だなあ。

立松　そうです。五木さんは『親鸞』をがまんして、がまんして、ダムに水が満タンになるのを待って、書かれたと思うんです。

五木　いや、僕はいいかげんな人間ですから、書きだすと一気に書きました。それまでは長かったですけど。

立松　そう。ダムの水を放流するみたいな感じですね。僕の方は違うんです。

実は僕の母方は曹洞宗《そうとうしゅう》なんですね。ですから、子どものころ、よく母に手をつながれてお寺には行っているんですけれど、道元禅師の言葉とかに接しても、わかりませんでした。

ところが、道元禅師という方の生涯を書いた文芸作品がないということもあって、それで西暦二〇〇二年の七百五十年遠忌《おんき》に、何か道元禅師の小説を書かないかと言われて、書き始めたんです。ただ、その時点では、全体の確かな見通しがあったわけではないんです。

道元禅師というのは生涯を通せばいろいろなことがあったけれども、わりと劇的な要素が乏しいんです。わかりやすく言うと、親鸞聖人はある意味での自己否定を貫いた生涯ですよね。自己否定に自己否定を重ねるというふうな、また戒律に背《そむ》いて結婚までしてしまうような、そういう破格な人生ですね。道元はそれとは違います。

日蓮《にちれん》聖人のように、『法華経』に殉《じゅん》じていくような国家権力との闘争もありません。外面的にはそのようなドラマチックな要素がなくて、深みはあるんですけれども、小説の題材になるのかなっていうのが、まあ一般的な受け止め方ですよね。僕もそう思いました。

五木　僕のは底の浅い他力主義だけれども、天の機《き》、地の利《り》といいますか、一つの小説が世に出るというのは、自力だけでは無理です。作家が自分でいろいろ、こういうものを書こうとか、こんな時代にはこれがいいんじゃないかとか、姑息《こそく》な知恵を巡らせてつくっていくという感じではないと思うんですよね。

たとえば出版社なり、あるいは雑誌なり、新聞なりから、こういうものを書いてみませんかという誘いがあるということも、他力の一つと考えているんです。それは決して、依頼されたから受け身でやるというのではなくて。

そういう流れの中で、風が吹くということが大きいことなんですよね。立松さんの場合も、立松さんのほうに、道元禅師を書くという風が吹いてきて、立松さんに、それに応ずる機《き》というか、そういうものがあって、それで作品がスタートした。そういうふうに思います。

いずれにしても、立松さんには、その風を受ける基盤というのがやっぱりあったんでしょうね。

立松　五木さんは他力とおっしゃっていますが、禅の方では他力とはいわずに、縁《えん》という言葉を使うんですね。僕は縁と思いました、因縁《いんねん》の「縁」です。

五木　縁、なるほど。

立松　だから縁と他力は同じことですね。僕は縁をいただいたわけです。道元禅師を書かないかと。まさに、縁があったわけですよね。

道元と親鸞がともに生きた時代とは

五木　立松さんとは「坪田譲治文学賞」の選考委員とか、そのほかいろいろなところで顔を合わせることが多いけど、いつもデイバックみたいなのを背負って、ジャンパーなんか着て、「いま、どこどこから帰ってきました」とかって言って選考の席に現われるんで、なんと山頭火《さんとうか》みたいな人だろうと、僕はいつも思っていました。よく昔、法隆寺へ修行に行ってきた帰りに会ったけど。

立松　いまでも行っています。もう十五年ぐらいたちますかね。

五木　お正月の一番寒いときに行っていたね。

立松　そうです。お正月、金堂修正会《しゅしょうえ》という行事に行っているんですけれど。

五木　最近世間では仏教ブームとかなんとか、いろいろなことが言われていますけれど、そういうことと関係なく、道元を書く以前から立松さんの中に、古い言葉で言うと、ある種の菩提心《ぼだいしん》みたいな、そういう心が働いていたことは間違いないような気がする。はたから見ていて、ずっとそう思っていました。

立松　仏教との縁でいえば、昔、二十歳過ぎたころインドを放浪したんです。女房と子どもを家に置いて。

というのも二十代の前半で、女房、子どもができて、好き勝手な暮らしができなくなって、みんなに相談すると、「お前が就職すればいいんだ」と言われた。そのとおりなんですけれど、そんなことで生活できなくなっていたものですから。

五木　僕は立松さんをずいぶん昔から知っているけれど、子どもも置いて出たっていうのは、初めて聞いた。相当早く結婚されたんですか。

立松　二十四ぐらいで結婚して、子どももできて、とにかく青春とおさらばであると。「インドに青春を捨てに行く」とか嘘をついて。

五木　「インドに青春を捨てに行く」なんて、キザだなあ（笑）。

立松　そのころですよ、五木さんの『青年は荒野をめざす』がはやっていて（笑）。僕はどちらかというと南方志向だからシベリアには行かないで、インドに行った。

五木　あのへんのパキスタンとかネパールあたりの安宿で、若い連中が、加藤和彦《かとうかずひこ》さんの作曲したテーマ曲を口ずさんでいるとかいう風景があった時代。

立松　そうですね、だから僕らはそういう連中と会って、最後に別れるときはその歌を歌って、それでお開きにするとかね、そういう時代です。

五木　まだヒッピームーブメントの香りが残っている時代ですか。

立松　そうですね。僕らはそのころからずいぶん五木さんの影響を受けて、責任取ってもらいたいような気持ちはあるんですが（笑）。

五木　いろんな人に、しょっちゅうそう言われる（笑）。それはともかく法隆寺へ通うとか、いろいろなことがありつつも、作品として宗教家を主人公にしたものを書いたのは、今度のものが初めてなんですか。

立松　そうですね、木喰行道《もくじきぎょうどう》とか、そういうのは書いていますが、本格的に歴史上の人物である、道元という高い山に登ろうと思ったのは初めてですね。

五木　僕は立松さんが何と難しいテーマに挑んだんだろうと思って、実はちょっと驚いたんです。しかし読んでみると、一人称の描写と、三人称の全体的な描写とが交互に出てくるような、小説としても非常に斬新《ざんしん》な試みが、とても新鮮だった。それにしても、道元禅師がそれまできちんと小説に書かれたことがなかったというのは、何か理由があるんでしょうか。

立松　やはり難しいんです。まずその生涯を通してみたときに、ドラマがないように思えてしまうんですね。道元というのは「只管打坐《しかんたざ》」、ただひたすら坐《すわ》れと説きつづけた生涯です。それから女性が出てこないですよね。

五木 なるほど。それはちょっと困る（笑）。

立松 女性が出ないと、小説家にとっては片腕もがれたみたいなところがありますから。

五木 道元が生まれたのが確か、西暦でいうと一二〇〇年ということになっていますよね。

立松 そうです。

五木 一二〇〇年、非常に数えやすいですね。一二〇〇年に生まれて、一二五三年に五十三歳で死んだ。片や親鸞のほうは一一七三年の生まれで、一二六二年に数えで九十歳で世を去る。両者は二十七歳ぐらい違うんだけれども、生きた時代は完全に重なっているんですよ。

立松 そうなんですね。

五木 しかも親鸞というのは晩成の人ですから、道元が二十歳のときに、親鸞は四十七とか五十歳に近い年齢になっています。そのころはおそらく上越とか関東とかにいて、その地で本格的に自分の布教なり伝道なりを始めている時期ですから、二人の宗教人としての活動時期は完全に重なっています。

立松　重なっていますね。

五木　重なるといえば、道元禅師という人は、いろいろな人と重なっているでしょう。栄《えい》西《さい》ともわずかに重なっている。

立松　そうそう。栄西と会ったかどうかというのも、一つの問題ですね。栄西は一一四一年生まれで、一二一五年に亡くなっています。

五木　二人が会っているかどうかは、わからないけれども、道元と、栄西の弟子との間の交渉は頻繁にあったというふうに聞いています。いずれにせよ時代は重なっている。時代が重なっていれば、風聞であっても何でも、その人の意見とか考え方とかというのは伝わってきますよ。それから一二二二年生まれの日蓮とも。

立松　時宗《じしゅう》を開いた一遍《いっぺん》も一二三九年生まれですから、少し重なっているんじゃないですか。

五木　法然《ほうねん》上人もそうです。法然上人は一一三三年生まれです。「いい耳」って覚えているんだけれど（笑）。それで一二一二年、「イニイニ」で死んでいる。親鸞とはもちろんですが、道元ともちょっと重なっている。

あの時代の同時代人といっていい人たちが、一斉にどどっと平安末期から鎌倉前期にかけて仏教界に輩出した。それは「一大偉観」というか、偉大な「偉観」でもあるし、「異観」でもあるし、かつてこういう時代は日本の歴史の中でなかったんじゃないかと思います。

立松　まさに宗教的なルネサンスの時代ですね。

五木　そう。ある意味では、まさに日本のルネサンスだった。法然とフランチェスコなどは、全くルネサンス的に重なっている。その中で、とくに道元と親鸞という人は、いまわれわれが生きている現在、人々にとってある種の無言のテレパシーといいますか、オーラのようなものを特別に発して、こっちに語りかけてきているような気がするんですよ。

立松　先ほども言いましたが、たとえば五木さんが『親鸞』を書いたときと違って、僕は蓄積があってダムが満タンになって書いたのではないんです、書けと言われて縁だと思ったから、勉強しながら書いたわけです。「傘松」に毎月二十枚ずつなんですけれども、二十枚書くというのは、分量的にはそんなに大変な作業ではないですね、ふだんであれば。ところが『道元禅師』の場合は、苦しくて苦しくて。それはそうですよ、その主著である『正法《しょうぼう》眼蔵《げんぞう》』を読んだり、あちこち道元の原文や歴史資料を読みながらですから。

五木　しかも十年もかけて、よくまあ続けたものだ。大変なもんですね。僕はもう、新聞の連載ですから一日数枚ですけれど、終わったあとは、もう本当に三日ぐらい寝込みましたから。たった一年でも大変なのに、十年とは。

立松　ただ僕は途中から、すごくうれしくなってきました。まず連載の条件として、いつまでも、いつ果てるともなくやっていいということだったんです。

とにかく最後まで書けと。そうなると勉強しますでしょう、それから旅にも行くし、作中で道元が中国に行けば僕も中国に行くしということで、とにかく道元の見た風景は全部見てやろうと思いました。実際それは不可能ですけれど、時代も変わってますし。でも、僕はそうして道元と会うということが、すごくうれしかったんですよ。それで一回二十枚、そのために一カ月、もちろんほかの仕事もしますけれども、基本的にはいつも『正法眼蔵』を担《かつ》いで歩いて。いまもバッグに入れてますけれども、勉強するわけですよ。

勉強をしながら道元と会うというのが、それは楽しみで楽しみで。最初は苦しみだったのが、どうして楽しみになったかというと、これは自分の修行だなということが、途中から明確に自覚されてきたからなんです。

五木 なるほど。立松さんは修行ってよく言っていたからね。

立松 修行ならば、苦しいのは当たり前じゃないかと思い出した。だけど逆に、年数がたって、道元の死期が近づいていって、残り回数が少なくなっていくと思うと、なんというか、悲しいというか、寂しくなりましたね。連載が終われば、道元と定期的に会うということができなくなるわけですから。こんな気持ちになったのは初めてです。そのうち永平寺《えいへいじ》のほうも担当の方が代わって、いちおう区切りのいいところでというので、百回で終わらせました。けれども、実は全然書き足らなくて、単行本にするときに、もう百枚書き加えました。

まあ、だいたいこれでいいかなというので出版したんですけれども。もの書きにとって書くということは命ということですから、途中から道元と会える幸せがなくなるのをどうしたらいいのだろうと思いました。

話は少し飛びますけれども、いいですか。

五木　いいですよ。

立松　道元の思想を、身と心で最も深く受け止めたのは、僕は良寛《りようかん》さんだと思うようになったんです。道元は「身心脱落《しんじんだつらく》」ということを言いますけど、その思想を身をもって体現したのが、良寛さんだと思うんですね。しかも道元以上に突き抜けていたんではないかと。

道元は永平寺を建てましたけれど、良寛さんはお寺も何も建てない。良寛という人は道元思想の権化みたいな人です。それでいて全然固くないんですよ、柔らかいんですけれど、僕はそういう良寛という人がすごく気になり出して、編集者の友達に「書きたければ、書けばいいじゃない」と言われて、いま六百枚まで書いたんですけれどね。

五木　それはおもしろいですね。立松さんを見ていると、修行ということに昔からすごくこだわっていた人だし、ある意味では道元の持っている厳しさみたいなものと、それから良寛さんみたいな遊び人的な、二つの要素が立松さんの中にはあるんですよ。だからそれはとてもおもしろい対照だと思いますね。

立松　でも、僕が良寛を書いているというのは、他力ですよね、考えてみたら。いま言われてハッと気がついたけれど。

五木　禅のほうでは「自他一如《じたいちにょ》」といいますね。それは自力他力というふうなことを超えた考え方ですけれど、それは山へ登る道はいくつもあるというのと同じで、本来、自力も他力も違いはないのかもしれないと思うことがあります。

蓮如《れんにょ》に導かれて「親鸞の森」に迷い込む

五木　ちょっとここで自分の話をさせてもらえば、私が小説『親鸞』を書く時に、やはり立松さんの言う縁をつよく感じました。これは『歎異抄《たんにしょう》』の中では宿業《しゅくごう》とか業縁《ごうえん》とかという言葉で出てきますが、ものごとには必ず原因がある、その原因の結果として現象があるというのは仏教の根本ですよね。

立松　そうですね。

五木　そういうことに照らし合わせて考えてみて、僕自身、まさにその縁というか因果《いんが》の不思議さに思いあたることがあります。僕は「小説現代」の新人賞のあとに直木賞をもらってデビューしたのですが、そのころ書いたエッセイに、めずらしく「文學界」に載せたものがありました。そこに清沢満之《きよざわまんし》のことを書いているんですね。その当時、明治ブームでもあったし、明治のいろいろな活躍した人物像が話題になっていた時期だったけれども、清沢満之なんていう人は、宗門以外ではほとんど話題にならない存在でした。

ところが、僕はたまたま、そのときに金沢におりまして、金沢大学の図書館に付属した暁《あけ》烏《がらす》文庫というところに出入りしていたんです。金沢大学がまだ金沢城のお城の中にあったころですね。暁烏文庫というのは、明治から昭和にかけて活躍した清沢満之の弟子、暁烏敏《はや》が、死後、金沢大学に、何万冊かの個人蔵書を寄贈してつくったというコーナーです。

僕は別に、最初から蓮如《れんによ》とか親鸞とか、そういう真宗《しんしゅう》関係の本を読もうと思って行ったのではなくて、暁烏文庫を見ていたら、けっこう、ロシア文学関係の本があって、ドストエフスキー、ゴーリキー、ゴーゴリなどがまじってるんですよ。

それで驚いたのは、暁烏は一時期、ロシア語をやっているんですね。彼の蔵書、白隠《はくいん》の本の片隅に、「当日の教師、長谷川某」とかって書いているんだけれど、これは二葉亭四迷《ふたばていしめい》のことなんじゃないのかな。二葉亭四迷は東京外語大学のロシア語の先生をしていましたからね。その弟子が暁烏敏だったというのは、もうびっくりするぐらいおもしろい発見だったんです。そんなきっかけがあって、暁烏文庫に入り浸っているときに、蓮如とか親鸞とか、暁烏敏の『歎異抄講話』とか、そういうものを読むようになっていったのが四十五年前です。

それに金沢に住んでいると、近くに蓮如坂《れんによざか》とか、そういうゆかりの地名がたくさんあるんですよ。それで、いったいこれは何だろうということで近づいていったところで、自分が五つ、六つのころに暗記していた「正信偈《しょうしんげ》」というのに出会いました。「帰命無量寿如来《きみょうむりょうじゅにょらい》」というあれですね。

というのは、僕の両親は学校の教師で、たまたま植民地の朝鮮半島にいたんですけれど、いちおう真宗の家なんですね。それでときどき、いわゆるおつとめというのを仏壇の前でやっていて、そこで「正信偈」を唱えているわけです。そうすると、こっちは子どもも心に、何やっているんだかわからないけれど、ポンポコリンの何とかみたいな、そういうことを言っているんで、それに合わせてうしろで証城寺《しょうじょうじ》のタヌキ囃子《ばやし》みたいに踊っていたらしいです。「変な子だね、正信偈で踊っている」って笑われたことを覚えていますけれど。

そういうことをふと思い出して、そうか、うちの両親たちは、こういう信仰の持ち主だったのかと思った。それが縁で蓮如をずっと調べていて、やがてのちに蓮如の戯曲を書くわけです。「中央公論」に連載したんだけれども。蓮如というのは広々とした、だれもが歩きやすい広い道、明るい道なんです。そこをどんどん歩いていったら、いつのまにか「親鸞の森」という、非常に暗くて迷路のような、複雑な森の入口までたどり着いてしまっていた。もうこうなったらここに入らなければいけないのではないかというので、恐る恐る「親鸞の森」に迷い込んで、現在に至ってしまったというわけです。

立松　そういういきさつなんですね。

五木　蓮如というのはえらく毀誉褒貶《きよほうへん》のある人で、杉浦明平《すぎうらみんぺい》さんなんかは、「プロパガンディストとしてヒトラーにも劣らぬ宣伝の名人」などと酷評していますけれど、蓮如は生涯、親鸞を背負って、親鸞思想というものを人々に手渡して歩こうとした人ですね。

ですから、僕が法然、親鸞、蓮如という三人の浄土《じようど》系の思想家を一言で言うときに、法然というのは人間にとって最も大事なことを、やさしく教えようとした。つまり易行《いぎよう》ですね。親鸞というのは法然に師事して、法然がやさしく教えたことをふかく究《きわ》めた。やさしいだけではだめなんだということで、ふかく究めた。そして法然がやさしく、親鸞がふかく究めたことを、蓮如という人は、ひろく人々に手渡して歩くことに生涯を捧《ささ》げた。こういうふうな解釈をしているんです。

ですから、「やさしく、ふかく、ひろく」ということです。蓮如が歩きやすく、広々として明るい道をつくってくれたので、そこをとことこ歩いているうちに、いつの間《ま》にか「親鸞の森」という、暗い、深い森の入口まで来てしまったという感じなんです。

立松　それは蓮如さんの敷いた道なんですね。

五木　そうなんです。蓮如というのはそういう人なんです。求道《ぐどう》と伝道という言葉があって、何か求道は尊いけれど伝道というのは山師《やまし》のやることだ、みたいな考え方がなきにしもあらずなんですが、もともとブッダという人は、どちらかというと伝道の人なんですね。ブッダが六、七年の苦行《くぎょう》をあきらめて里に下りてきてから、村娘から乳粥《ちちがゆ》、いまでいうヨーグルトをもらって、木の下で瞑想《めいそう》をして悟りを開くまではあっという間《ま》なんです。ですから二十九歳から八十歳までの仏教者としての生涯のほとんどは、インド中を歩き回って、人々に語り続けながら道を説いていったんです。そういうふうに考えると、ブッダという人は伝道の人でした。伝道のなかで道を求めていった、と考えます。

そういう意味で、蓮如というのは毀誉褒貶の相半《あいなか》ばする人ですが、僕にとっては親鸞という人のそばまで手を引っ張っていってくれた恩人だと思っていますから、悪くは言わない（笑）。

そして親鸞を調べているうちに、どうしても親鸞に対して、もう一方から光を当てるというか、反対の対照的な人を探したくなるんですよね。法然に対しては明恵《みようえ》という正反対の人がいた。法然の念仏を批判して『摧邪輪《ざいじゃりん》』という論文を書いた人です。親鸞には、これと向き合うというか、背中合わせでも向き合っているような存在として、栄西でもない、日蓮でもない、やはり道元が浮かび上がってくる。

立松　そうですね。今日に及ぼしている影響ということを考えてもそうですね。図らずも、どちらも大教団に育っていますね。

五木　現在はですね。その人たちが意図したことではないにもかかわらず。

親鸞も道元も、なぜ教団を組織しなかったのか

立松　道元については、そもそも教団がなかったわけだし、親鸞においても教団とは言えなかったでしょう。

五木　いまの新しい研究によりますと、これまでいわれてきたような、いわゆる南都北嶺《なんとほくれい》、つまり奈良の旧仏教（顕教《けんぎょう》）、比叡山《ひえいざん》や高野山《こうやさん》の密教系の伝統仏教が腐敗、堕落していたために、それに対して新しい鎌倉新仏教が沛然《はいぜん》として起こって、人々の心がそこに一挙に

なびいたような見方がありましたが、それは、間違いだと言われています。
当時も依然として、南都北嶺の、いわゆる顕密《けんみつ》仏教のほうでも、民衆の中にとけ込もうという、それまでの国家鎮護の仏教から抜け出ようとする努力は絶え間なく続けられていたし、のちのちまで大きな影響力を持っていた。その中で、念仏集団とか、遁世《とんせい》僧たちの、まあ鎌倉仏教の担《にな》い手《て》はみんな遁世僧ですから、さまざまなかたちでの新しい教えというものは、一部で熱狂的な信仰を引き起こしてはいても、決して社会的に大きな渦巻きにはなっていなかった。

立松　そうだと思いますよ。

五木　むしろ親鸞や道元の後、中世を迎えて、それぞれの世界が広がりを持ってくる。真宗では蓮如というような組織者が生まれたし、おそらく禅のほうでもそういう中興の祖という人たちが生まれてくることによって、人々の間に広がっていったというふうに考えるべきでしょうね。

立松　曹洞禅の場合には、総持寺《そうじじ》を開いた瑩山紹瑾《けいざんじょうきん》という人が大衆に向かって禅を語り始めたんです。道元という人はですね、出家主義でして、「一箇半箇《いっこはんこ》の接得」という言い方をしています。一箇半箇とは、一人半人という意味で、最も少ない数ということです。道元は、そういうごく少数に向かって法を説いてきたわけです。大衆に向かって説いたわけではないんです。つまり道元の考えは、自分の仏教はお釈迦様から連綿と正しく伝わってきた教えだから、選ばれた少数の人に、手《て》ずから伝えなくてはいけないというものです。

たとえば、この器に水をいっぱい、なみなみと注いで、弟子の器に移すわけですよ。こっちの器から一滴の水ももらさずに。これで代々教えを伝え続けてきた。人間だからありえないけれど、考え方としてはそういうことですね。

五木 僕もそう思います。仏教では面授《めんじゅ》ということを大事にする。禅には不立文字《ふりゅうもんじ》という言葉がありますが、これは決して文章を軽んずるというわけではないけれども、本当に大事なところは、文字や文書では伝えられないと。必ず師から弟子へ面と向かって伝えていかないといけない、というわけでしょう。心から心へ伝えることが大事だと。そのためには、人から人が不可欠だと。つまり文章とか活字とか、字というのは、たんなる言葉の記録装置にすぎないと受けとめているんです。

語られる言葉こそが、実は真実だと思っていますから。

なぜかというと、語られる言葉には表情があり、声という声色《こわいろ》があり、それから身振り手振りがあり、そのときの目の色があり、感情がこもっている。面授とは、それらをまるごと言葉として伝えるわけです。対面しての面授がなぜ大事かというと、言葉に含まれたもろもろの要素を全部、全的に受け取ることができるから。

文字というのはそうではなくて、その中の抽象化されて観念化された、ある一部を正確に伝承するということであって、語り手の本当の全的な真意は伝わりません。

たとえば親鸞の手紙の中に「朝家《ちょうけ》の御《おん》ため」と言っているところがあるんです。『親鸞聖人御消息』二十五の性信御坊《しょうしんのおんぼう》に宛てたものなんですが、「朝家の御ため国民のために念仏を申しあはせたまひ候はば、めでたう候ふべし」とあります。念仏することは天皇家の御ためにもなるとも読める文章です。このことで、あんなふうに流罪になったときに、主上臣下という言い方で激しく批判した人が、晩年には天皇家の御ためなどと言って転向したのか、なんて無茶なこと言う人もいるし、それは冷笑的に皮肉で言っているんだという言い方をする人もいます。そのあたりの真意は、文章からだけでは、なかなかわからないんですよ。面と向かっていると、それがわかる。

つまり、それが実際に口から発せられた言葉だったらよくわかる。その人が、皮肉《ひにく》るような言い方で、「朝廷の御ためにもなるしね」と言ったのか、それとも本気で、襟《えり》を正してそう言ったのかというのは、面授の場合には、はっきりわかるんです。でも文章ではなかなかわからない。「拈華微笑《ねんげみしょう》」と言うでしょう、インドの霊鷲山《りょうじゅせん》で釈迦が説法をしていて花を拈《ねじ》ったところ、集まった人々はその意味を察することができなかった。ただ一人高弟の迦葉《かしょう》だけが意図するところを理解して微笑したという話ですよね。そこから「拈華微笑」というと以心伝心《いしんでんしん》のような意味で使われますが、あれはまことにそのとおりなんです。

釈尊はお経を書かなかった。当時でも文字はあったんです。だけど彼は書かなかったんです。ですから釈尊が語る言葉を弟子たちは、全身全霊をかけて暗記するわけですね。一言一句間違えないように暗記する。

立松　魂に刻んだんですね。

五木　そう。それと同時に、その日、釈尊につき添って旅をした弟子たちは、そのあとで仲間同士で、「今日、師はこういうふうに言われたよね」「いや、そうじゃなかった、あのときはこういうふうに言われたんだ」と、語尾の一字一句までを丹念に、正確に再現して確認しあうんです。そしてそれを語部《かたりべ》のように、しっかりと心に刻み込んで、記憶に残すんです。

そして釈尊の死後、弟子たちがそれを文章化するときに、どういうかたちで釈尊の教えを残したかというと、はじめは「偈《げ》」というかたちにしたんです。偈とは歌です。ただ覚えるといっても覚えにくいから、リフレインの入ったような、詩のかたちで釈尊の言葉は全部伝えられる。それを百年後とか何百年後に集まって、その偈を文字にして残そうということで文書化が始まって、スートラ、つまりお経が成立するわけですね。ですから最初はやっぱり音声なんですよ。言葉です。

われわれがいま『万葉集』なんかをテキストとして机の上で広げて読みますけれど、たとえば挽歌《ばんか》というのは天皇の葬式の葬列の先頭に立って、「ああ、帝《みかど》がお亡くなりになった。何という悲しいことだろう。天も落ちよ、地も裂けよ」と、泣きながら叫んで歩くというものですから、それを活字にして読むというのは、本来の趣旨からするとどうなのかということですね。もちろん活字で読んでも、それを偲《しの》ぶこともできるし、その当時の人もいまと同じように人間的な感覚を持っていたんだなと感動することもできるけれど、本来は古典も一回性のものなんじゃないか。詩も、歌も、経も、肉体から肉体に伝えられるものなんです。

立松　僕は最初にインドに行ったときに、一冊、本を持って行こうと思ったんですよ。バックパッカーだから重い本は持って行けないんですよ。文庫本を一冊持って行こうと思って、神保町《じんぼうちょう》あたりの本屋に行って、バーッと本屋を見て、これだと思って一冊買いました。何度でも読めて、かつ、あまりむずかしくて跳ね返されても困る。それは『ブッダのことば――スッタニパータ――』だったんですね。

五木　中村元《なかむらはじめ》さん訳の岩波文庫ですね。

立松　あれをずっと持って歩きました。それが僕自身にとっては、小さなことかもしれないけれど、心にある種《たね》を蒔《ま》いたみたいな、仏種というか仏縁というか、そういうもののような気がするんですね。

五木　さぞかし立松さんの若い、みずみずしい心に深く染み入ったんだろうな。

立松　染み入りました。それで、「犀《さい》の角《つの》のようにただ独り歩め」という有名なフレーズがありますよね。ほかにも、すべての執着を捨てよとか、家というものは身にまとわりつく塵《ちり》だとか。僕は妻子ができて、それで日本から逃げてきたのに、まさにそれが書いてあるわけですよ。そうだなと思ったけれど、悩みは深いですよね。

五木　僕はね、中村さんの訳を見ていて、どうしてこんなにくどくどしく、同じ言葉が三遍も四遍も出てくるんだと思うところが、少なからずあったんですよ。

立松　ありますね。

五木　でも、考えてみるとあれはリフレインなんですね。ビートルズの歌と同じように、歌を歌っているから、あれは実は、全部韻《いん》を踏んだ偈《げ》なんです、ポエムなんです。ですからリズムがあって、みんなでそれを唱える。「ブッダンサラナンガッチャーミー」みたいなね、ああいうかたちで斉唱できるもので、そのためのリフレインが入っているから、同じものが何行も何行も入っているのは当然です。声に出してみて、はじめてそれがわかった。

立松　和讃《わさん》みたいな感じですか。

五木　そう、和讃みたいなもんなんですよ、仏典も最初はね。

立松　和讃も歌うものですよね。

五木　皆で大きな声でね。

二人がともに比叡山を下りた理由

五木　話をもとに戻しますと、道元と親鸞とは、ほぼ同じ時代を何十年か生きた人であった。それも平安末期から鎌倉新仏教の鎌倉期へ移っていく大変動期、かつてなかったほどの社会の大変動期に生きた人であった。そこから共通点を探すと、たとえば両者とも、いちおう高貴な家柄の出身であるといえます。道元の場合、摂関《せっかん》家の系統を引く貴族の出でしょう、親鸞はまあ貧乏貴族で、確か六位にもならないくらいの家の出身ですけれど、かたちは貴族です。それから、どちらも若いときというか幼いときに母親を亡くしていますね。

立松　そうですすね。

五木　道元は八歳とかですか。

立松　八歳で文覚《もんがく》上人のお寺で荼毘《だび》に付したということが、ある程度わかっているんですね。

五木　そして二人とも若くして、当時の総合大学であり最高学府でもある比叡山延暦寺《えんりやくじ》に入っている。しかも、ふたりとも、ものすごい秀才で、読書家であったといわれています。

立松　それはもう飛び抜けた頭のよさでしょうね。

五木　親鸞の師になる法然は、十代のうちに、お経の百科全書ともいうべき『一切経《いっさいきょう》（大蔵経）』を三度読んだ、道元は二度読んだといわれているんです。ということは、法然は将来の比叡山の座主《ざす》間違いなしと目《もく》されていた大秀才で、「知恵第一の法然坊」と言われていたんだけれど、道元もそれに劣らない、ものすごい読書家であった。

立松　そうですね。ただ、当時の座主というのは、学問的な業績というよりも、わりと身分の高い人がヒョッとなることも多いですよね。
五木　ある時期は、ほとんどそうでした。
立松　だから道元なんかは、頭のよさからいっても、身分からいっても、可能性大だったでしょうね。
五木　ある学者は、道元がもし仏門に入らずに朝廷の中で政治にかかわっていたら、摂《せっ》政《しょう》、関白《かんぱく》も夢ではなかっただろうというふうに言っています。
立松　それは摂関家《せっかんけ》ですからね。お母さんが松殿《まつどの》家というところの生まれなんですね。お父さんは久我《こが》源氏です。
五木　源氏といえば、一説では親鸞も源家《げんけ》の血を引くという説がありますし。
立松　ただ、これは小説的な話なんだけれど、父親のほうが、愛人をつくったみたいですね。それで道元の母は悲しい思いをして亡《な》くなっていく。しかし道元は当時、文殊丸《もんじゅまる》といっていたけれど、摂関家の松殿家の養子になったようですね。ということは、そのままいけば、夢ではないどころか摂政関白もきわめて現実的だったと思います。

五木　それくらいの人であった。にもかかわらず、早くから仏門に入ったわけですが、これは無理やり入れられたというのではなさそうですよね。

立松　違うでしょう。家出ですね、ほとんど家出同然です。

五木　そうして山門に入った。そして、比叡山では勉学と修行に勤《いそ》しむ。それにもかかわらず、中途で山を下りた。

立松　道元のほうは若くして山を下りましたものね。

五木　いずれにしても親鸞も道元も比叡山大学の中途退学であることは間違いないです。面白いことに、いわゆる鎌倉新仏教の担い手である栄西、日蓮、法然、親鸞、道元らは、全員比叡山で学び、途中で比叡山を下りています。いわば中退組なんですね。これがやっぱり共通点かなという感じですけど。

立松　比叡山といいますとね、道元の『正法眼蔵』を読むと、やはり『法華経《ほけきょう》』の話が多いんですよ。道元を理解するためには『法華経』ははずせない。

五木　それはやはり、比叡山に学べば、『法華経』が最高の経典ですから。

立松　そうですね。

五木　それと本覚《ほんがく》思想には、非常に大きな影響を受けていると思います。

立松　有名な話なんですけど、道元の場合には、修行中に重大な疑義を持ってしまいます。つまり、「人は生まれながらに仏である、仏性《ぶっしょう》を持つ」という天台宗《てんだいしゅう》の根本である本覚思想についてですよね。もし、人間が生まれながらにして仏性を持っているのなら、何もしなくとも仏になれるではないか、こんな修行なんか必要ないじゃないか、では、なぜこんなに苦しい修行をしなければならないのか。これが道元の疑義だったんですね。この疑問を周囲にぶつけても、「そんなの当たり前じゃないか」と言われるわけですよ。それが納得できないというのが……。

五木　道元が比叡山の中で抱いた最大の疑義だったわけですね。

立松　疑義なんですね。それを晴らすために、まず三井寺《みいでら》に行ったようですね。ところが三井寺の最高のお坊さんに聞いてもわからないと。これは僕の想像ですよ。そうしたら、ちょうど建仁寺《けんにんじ》に栄西という新しい仏教を学んできた人がいるから、それで聞いてみなさいと。道元は家が家だから、みんな粗末にしないんです。

五木　なるほど。話を整理しますが、親鸞と道元が同時代に生きたということと同時に、両者には共通点がありました。まず、両者とも比叡山に入った。それから幼少で母と別れた。上級、下級の違いはあれ貴族の出身であった、そして中退して山を下りた。そして比叡山にいるときに非常に大きな疑惑というか疑義にとらわれた、疑いを心に抱いた。

道元の場合には、山川草木悉有仏性《さんせんそうもくしつうぶっしょう》といって、すべてのものに最初から仏性があるというのなら、改めてそこで厳しい修行をする必要があるのだろうかという疑義だった。

一方の親鸞の場合には、どんなに修行をしてもしても、仏に出会えない。常行《じょうぎょう》念仏をやろうと、回峰行《かいほうぎょう》をやろうと、仏の姿を見ることができなかった。念仏の中で、仏の姿をありありと見ることができるという観想《かんそう》念仏というものが、彼にはできなかったようです。

立松　いまでもそういう修行はあるようですね。

五木　いまでもやるんでしょうね。そしてその当時にも、実際に仏の姿に出会う人もいた。だけど、親鸞の場合は、言語を絶するような厳しい修行を繰り返し行なっても、仏と出会うことができなかった。そして煩悩が心身を苦しめる。どうしてもそれを乗りこえることができない。そしてついに山を下りる。

さらに両者の共通点を挙げれば、親鸞の場合には、『教行信証《きょうぎょうしんしょう》』といわれる大著があり、道元には『正法眼蔵』をはじめとして、たくさんの著書がありますよね。それと同時に、道元には『正法眼蔵随聞記《ずいもんき》』（以下『随聞記』）という弟子による聞き書きがあり、親鸞には『歎異抄《たんにしょう》』があります。これは両方とも見聞録、ほかの人が書いたものですが、どちらかというと、そちらのほうがわかりやすくて、人々には大きな影響を与えているという点では共通性がある。

立松　五木さんのおっしゃる、口伝というか、話し言葉が、そこに生きていますね。

五木　たとえば、かつて、デカルトとかパスカルとかが非常に話題になったというのは、ラテン語で書かずにフランス語で書いたからだそうです。それまでは、学者はラテン語で書くものと決まっていた。その中で、フランス語という地方語、俗語でもって書いたということは、当時としては、大変驚くべきことだったといわれています。

それから、ダンテが『神曲』を書きますね。『神曲』も歌ですね、いってみれば偈《げ》なんですけれど、ダンテもまた、当時の知識階級の公用語であるラテン語で書かずに、当時はまだ未完成で野卑なイタリア語、トスカーナ地方の方言で書いたというふうにいわれていますね。方言というのはおかしいけれど、地方の俗世間の言葉で書いた。

それと同じように、当時の平安朝から鎌倉期にかけての文書というのは、当然のことながら、漢文です。漢文が正しい文章で、知識人の書く文章、宗教家の書く文章は漢文と決まっていたんです。

立松　そうですね。道元の著作も、根本は漢文です。

五木　それは完全にマスターしたうえで、彼は日本語も使うわけでしょう。

立松　そうです。和歌もつくりますからね。

五木　日本語も使う。そして美しい日本文を書いた。それから親鸞は親鸞で、見事な漢文の文章を書く一方で、和讃という民衆に向けて語りかけられるようなやさしい歌も数多くつくった。

やっぱり親鸞聖人と道元を結びつけるものが、どこかにあると思うんですよ。それは、いま立松さんがおっしゃった日本の文化、あるいは日本の思想、そういうものだろうと思います。われわれがいま親鸞を問題にするときには、必ずしも宗門の祖としての親鸞聖人ということではないでしょうね。それより、いまこの二十一世紀の中で、つまり七百五十年も八百年も前の親鸞の言葉や残した思想が、何か非常に大きな圧倒的な力を持ってわれわれに迫ってくるという、その一点にあると思うんです。道元にしても、しかりです。

立松　まったくそのとおりですよね。

五木　また、親鸞という人は、聖徳太子《しょうとくたいし》を非常に尊崇していたわけですが、僕はそれが最初よくわからなかった。けれど考えてみると、聖徳太子は当時のグローバル・スタンダードであった中国大陸文化の圧倒的な勢力の中で、日本文化というものを作っていこうとした人だと思う。それで日本の仏教というものを自分流に解釈して打ち立てようとした。日本で仏教を国の宗教として確立したというよりも、仏教という思想を日本のものとしようとした先駆けの人だったのではないでしょうか。

日本の仏教の伝来の歴史は、たとえば明治のころの西洋文化の崇拝と同じようなところがあります。最初はエキゾチシズムから始まり、やがて外国崇拝になり、そしてそれを一生懸命輸入するという動きの中で、つまり神の国であったこの国に、仏教というものをどう根づかせていくかに苦労した、その歴史だと思うのです。日本の仏教は、ブッダの仏教とはちがう発展をとげた。

そういう中で親鸞と道元という人がすごく大きく感じられるのは、やはり親鸞、道元に至って日本仏教というものが日本人の仏教になった、つまり日本の思想になったのだといえるからなのではないでしょうか。

立松　まったく、そのとおりだと思いますね。

第二章　戒律を守った道元、破戒した親鸞

戒律を守った道元、破戒した親鸞

五木　道元禅師と親鸞聖人の共通性をいくつか挙げましたけれど、大きく違うのが、まず、戒律に対する態度ですね。当時の仏教界にあっては、戒律、戒律といっているけれど、実態は誰も戒律を守っていない。実際、僧侶が貴族の館などに招待されて行けば、魚も出れば肉も出る、それを袈裟《けさ》を外《はず》せば問題なしなどという理屈をつけて、平気で食べる。肉食妻帯《にくじきさいたい》どころか、密《ひそ》かに女性を囲いもする。加えてその当時は、比叡山に限らず、男色は当然という文化だったわけですからね。

そうした中で、煩悩具足《ぼんのうぐそく》のわれわれ凡夫《ぼんぷ》には、とうてい戒律なんかは守れない、守れないなら、守っているふりをするような偽善的なふるまいをやめよう。そして自らの悪を深く自覚して他力《たりき》をたのめ、というのが親鸞の立場です。ところが道元の立場は、守れていないんだったら、守ろうじゃないかというほうですよね。

立松　そうですね、非常に禁欲的ですね。

五木　むしろ戒律をきちんと立て直そうというのが道元でしょう。いまは無残に戒律が堕落していると。だったらそんな戒律はのり越えてしまえというのが親鸞の立場です。道元はまったく正反対で、それではきちんとした戒律を自分たちでつくって、それを守ろうではないかと。まさに戒律の人ですね。

立松　そうですよ。『随聞記《ずいもんき》』に書いてあります。中国から帰ってきて、建仁寺《けんにんじ》の様子を目にする。僧が財を蓄えること、酒を隠れて飲むこと、肉を食べることは、当時の道元禅師から見ればとんでもないことだったんでしょうね。ですから道元という人は、それこそ女犯《にょぼん》をしているとは絶対思えないです。僕はずっと道元の身辺を洗った、という言い方は失礼だけれども、可能な限り道元の生涯に迫ろうとしましたけれど、女性関係は本当にないです。

五木　親鸞の場合には、いまだにはっきりしないんですが、奥さん一人説、二人説、三人説、四人説まであるんです。子どもも、五人説、六人説、七人説といろいろあって、本当のところは、結局わからない。わからないけれど、その当時は、事実上の通《かよ》い婚《こん》ですから、男性が女性のほうへ行って、男と女が一緒になったら娘の両親が面倒をみる。これはブータンなども同じですけれども、娘さんの親が婿《むこ》の面倒をみる。いつかいなくなることもある。当時はまだ入り婿制なんですね。だから結婚しているかしていないかは、あまり問題にならないところがあった。

立松　結婚制度がいまの観点と違うんですね。

五木　きちんとなっていない。親鸞の場合にも、いろいろな説があって、定かではありません。

立松　道元の場合には、やっぱり限りなく釈迦になろうとしたと思うんですよ。禅定《ぜんじょう》の姿って、まさに釈迦の姿そのものじゃないですか、菩提樹の下で坐禅を組んで。岩波文庫の『ブッダ最後の旅』を読むと、アーナンダが女性に対する煩悩《ぼんのう》を捨てられないと、釈迦に相談するんですね。すると「見るな、近寄るな」と答える。それでもアーナンダが気になると言うと、「見るな」と言うんです。

当時の坊さんは、とにかくその戒を破ったら絶対に終わりですよね。道元は釈迦の生活に倣《なら》い、釈迦のまねをして、坐禅によって禅定の姿を追体験する、そのことによって悟りに近づくというふうに志《こころざ》したのだと思いますね。だから戒律を破るというのは、道元にとってはとんでもないことだったと思いますよ。

五木　しかし、そのとんでもないことを、当然のこととして行なっていたのが当時の仏教界ですよね。それは、東大寺《とうだいじ》だろうが、比叡山《ひえいざん》だろうが……。

立松　そうみたいですね。

五木　戒律を守らないのは当たり前のことでした。だいたい比叡山の偉い人たちは、ふだん里坊《さとぼう》といって里に下りて住んでいて、寒いお山の上に住んでいるわけではなかった。

立松　比叡山の麓《ふもと》の坂本《さかもと》あたりに家を持って。

五木　坂本とか、京の東山《ひがしやま》あたりに家を持って、そこから大事な行事のあるときだけ、山上に通うんです。だから事実上の名誉職なんです。お山の上では僧兵が合戦の訓練をやっているし、馬もいるし、牛もいる。しかもその当時の比叡山というのは、ものすごい経済力を持ってました。祇園《ぎおん》一帯の商業権とか、外国との交易権とか、あるいは牛馬の商いとか、行商人や鍛冶屋《かじや》とか、そういうものからもミカジメのようなかたちで上納金を取っていった。

また貴族たちは、長男は政治家として育てるけれども、次男、三男はできるだけ仏教界で大きな地位を得るようにと、比叡山に入れます。そのときに、荘園や物を添えて渡すんです。そうするとそれらが、結局比叡山の荘園になり、知行地《ちぎょうち》になっていくわけだから、その上がりも膨大になってくる。

鎌倉期には、京都に借上《かしあげ》とか、いまでいうサラ金じゃないけれど、銀行のような金融業者がたくさん出てきて大きな力を持ちます。室町時代になると土倉《どそう》といわれた業者ですね。そうした金融業者の資金源というのは、まず比叡山です。比叡山はその膨大な資金を元手にして、いまの先物《さきもの》取引みたいなことさえもやっていたらしい。ものすごいネットワークからの情報収集力と、経済力と、さらに権威というものを圧倒的に持っていたのが比叡山ですから。

立松 武力まで持っていましたものね。

五木 後白河《ごしらかわ》天皇でさえ、意のままにならぬものとして、「賀茂川《かもがわ》の流れ、賽《さい》の目、山法師《やまほうし》」と嘆くぐらいの武力を持っていたというのは有名な話ですね。

立松　道元も、京都南郊の深草《ふかくさ》に興聖寺《こうしょうじ》を開いたものの、やはり比叡山の僧兵に襲われて、ものすごい弾圧を受けるわけですよ。だから越前《えちぜん》まで逃れていったわけですね。あのときに、比叡山の圧力から道元禅を守るということは大変なことだったんですね。

五木　われわれはイメージとして、道元イコール永平寺《えいへいじ》と思いがちですけれど、じつは、その前の深草時代というのが非常に大事な気がするんです。

立松　そうですね、『正法眼蔵《しょうぼうげんぞう》』が執筆されたのはほとんど深草時代です。そのときに、ゆっくりものを考えて、思想を練《ね》ったのだと思います。ただそのあと弾圧を受けてお寺を破却された。そこに波多野義重《はたのよししげ》という鎌倉武士が檀越《だんおつ》になって、修行地を提供するから、自分の領地である越前に来いよと言ってくれた。

五木　檀越というとわかりにくいけれど、スポンサーですね。

立松　そうです、お寺を援助して功徳《くどく》にあずかろうという旦那、スポンサーです。それで呼ばれて、越前へ行った。でも雪がすごいところです。ただ提供された土地の近くに平泉寺《へいせんじ》という大きなお寺があります。天台宗《てんだいしゅう》のお寺ですが、ここは同じ天台宗でも比叡山と違って、道元をずいぶん援助したようですね。最初のころの永平寺は平泉寺の末寺に入るんですよ。

五木　いまのような堂々たる寺院ではなかった。

立松　そうですね。だけどそれに、のちほど述べる日本達磨宗《だるましゅう》というのが合流して、みんなで山を切り開いて建てたのが永平寺ですよね。

永平寺の修行の厳しさ

五木　僕は北陸にいたころ、福井から京福《けいふく》電鉄という小さな電車に乗って、よく永平寺まで行って、一週間ぐらい泊めてもらったりしたこともありました。何というか、あそこは厳しいですね。各地の曹洞宗の末寺の息子さんたちも修行に入るんですが、厳しさに耐えかねて逃げる人が、年に何人もいると聞きました。

立松　そうらしいですね。周囲の、街の人に聞くと、そう言いますね。

五木　逃げると、だいたい服装が違うし、裸足で逃げたりしているから、タクシーの運転手さんがすぐに通報するらしくて、それで連れ戻されるとか（笑）。

立松　でも、落伍《らくご》してそれでだめになるかというと、そうでもなくて、永平寺で耐えられなかったら、宗門の中でまだ何段階か救済策があるんですよ。だからちゃんとお坊さんになれる。一方で、お寺の後継者ばかりではなくて、やむにやまれぬ発心《ほっしん》で修行に入ってくる人も、けっこういますね。

五木　外国人の青年の姿をよく見ました。

立松　そうですね。

五木　冬に、あの作務衣《さむえ》を着て、裸足で階段を拭いたりしているのを見ると、偉いもんだと感心する。以前、「ル・モンド」の宗教局長という人にインタビューをしたことがありますが、フランスでは、もともと仏教というものは非常にネガティブな、厭世《えんせい》的な思想として嫌われていたと言っていました。そもそも世界を苦《く》として発想するということからしてネガティブであると。

それが、ニーチェとかショーペンハウエルといった哲学者が出てくるにつれて、仏教に対しての関心が少し出てきたと言っていました。ですから内面的な意味ではなくて、むしろ祭儀というか、チベット的な密教の持っている神秘的な魅力や美的な要素にフランス人は惹《ひ》かれるんじゃないですか。

立松　そうかもしれませんね。

日本化した仏教の存在意義とは

五木　ところで、仏教がインドから中国に入って、禅という中国独自の仏教をつくりあげた。その禅を中国から受け継いで日本に帰ってきた道元は、中国禅とは違う、日本的な禅をつくりあげたように思うんです。これは非常に大事なことだと思います。

その土地の風土、歴史というか、そうしたものに、「馴化《じゅんか》」したものが続いていくんであって、土地の風俗を無視して、上から「これが本家だぞ」といったかたちで純粋な教義を押しつけるだけでは、絶対続かない。

そういえば、遠藤周作《えんどうしゅうさく》さんは、「裁《さば》くキリスト教から赦《ゆる》すキリスト教へ」というような日本独自のキリスト教のイメージを語ったために、正統的なキリスト教会からは批判されたそうです。

立松 そうなんですか。

五木 だけど、遠藤さんの言っている、「裁く神から赦す神へ」というものでなければ、日本にキリスト教は根づかないという発想は、正しい考え方だと思います。

立松 仏教的ですね。

五木 それと同じように、日本の仏教は日本仏教であって、これはインド発祥の本来の仏教と違うと認めつつも、でも、日本仏教になったからこそ日本にこれだけ長く残り、伝えられて生きているんだとも思いますね。そういう意味では道元の禅は、僕が見てきた中国の禅とはちょっと違うような気がする。

立松 全然違いますよ。僕は中国の天童寺《てんどうじ》でも坐禅をさせてもらったんです。そうしたら、緩《ゆる》やかでね。

五木 南宗禅《なんしゅうぜん》を見てたら、団扇《うちわ》を片手に坐《すわ》っていて、すこぶるカジュアルな坐禅だった。

立松　肩をこうやって上げ下げしたり、本当に緩やかなんです。ある意味で楽ですよ。ところが道元禅、永平寺の坐禅は、ビシッと、姿勢が一回決まったら、ずっと動いちゃいけないんです。そこまでではなくても、日本の禅堂はどこも厳しいですよね。

何年か前になりますが、名古屋の尼僧堂で、ちょっと話してくれと頼まれて行ったんです。真夏でした。ちょっと時間があったんで、「お堂で、ちょっと坐らせてください」とお願いして坐ったんです。蚊がブンブン飛んでくるんですよ。たまらんでしょう、坐禅していて蚊に食われるんだから。がまんしていて、僕はパチッとはたいたりしていたんだけれど、尼僧さんに「蚊をどうされているんですか」と言ったら「蚊取り線香を炷《た》きますから」と言うので、「それでも刺されるんでしょう」と言ったら、「布施《ふせ》ですから」と言うのです（笑）。

五木　やさしいお母さんみたいだね（笑）。

立松　僕はびっくりしましたよ。

五木　たとえば永平寺に行って食事するでしょう。「五観《ごかん》の偈《げ》」という食事訓を最初に唱えますね。そして食事の間、音をたてちゃいけないという。それで僕がタクアンをパリッと嚙《か》んだら、キッとにらまれたことがありましたけれど（笑）。中国の韶関《しょうかん》というところへ行って、南宗禅の根拠地として知られた南華寺《なんかじ》で食事もしたし、坐禅も一緒にしたんです。でもあちらの人たちは、食堂でもってボリボリ音たてて食べてますよね。

立松　ピチャピチャ食べてますよ。

五木　「五観の偈は？」って聞いたら、「いや、心の中で唱《とな》えているからいいんだ」と澄ました顔で言う（笑）。

立松　法隆寺でも唱えますけれどね。自分はこの食を食べる資格があるのかと反省し、菩《ぼ》提《だい》を得るために、いまこれを食べるんだと誓いを立てる。そういう意味なんですけれど。永平寺あたりで、参禅していて、何がつらいかというと、応量器《おうりょうき》っていうんですが、椀を重ねたのが袱紗《ふくさ》で包んであって、それを使って作法どおりにご飯を食べるんですが、その苦しさ（笑）。慣れていないからだと思うけれど。

五木　それはやっぱり道元以来の、動作の一つひとつが全部修行だという考え方からきているんでしょうか。

立松　そうですね。これは慣れれば楽なんだと。だから修行すればいいわけだけれど、坐禅の足を組んだままやるわけですよ。みんな下手だから、一時間半ぐらいかかるんです。「ご飯、いらない」って言いたくなるけれど（笑）。

たぶん道元の時代は、本当に貧しかったんだと思います。『正法眼蔵』の中にも中国の僧堂の話として書いているんですが、弟子が師に「お米がありません」って言うんです。『正法眼蔵』にあるとおりに言いますと、「粥《かゆ》を炊きなさい」「粥にも足りません」「じゃあ重湯《おもゆ》にしなさい」「重湯にもなりません」「湯を飲んで、坐禅していればいいではないか」と、そういう世界なんです。

五木　道元の語録の中には、学ぶ者は貧しくあれ、「学道の人衣糧《えりよう》を煩《わずら》うこと莫《なか》れ」（『随聞記』一－一六）と、もう徹底的にそう言っていますよね。そういう面もありますが、それでもやはり、中国の禅の緩やかさというか、のんびりした雰囲気は、やっぱり日本とは違いますね。

南華寺へ行ったときも、門前で歌を歌いながら、フラフラ歩いている若い僧がいた。何か流行歌のような不思議な歌を歌っている。「のんきなやつだな」と言ったら、あれは証道歌《しょうどうか》のたぐいで、要するに禅の奥義を歌にしたもので、御詠歌のようなものだというんですね。それに流行歌のような節がついている。この坊さんは夜中にカラオケにでも行っているんじゃないかと思っていたら、そうではなかった、という思い出もあります。

それから中国の禅では書《しょ》を書くということがすごく大事な修行になっていますね。筆遣《ふでづか》いとか、精神を統一して、一点一画もおろそかにせず書き上げる。だからそういう意味では非常に広く、緩やかなところ、大らかなところの両面が中国禅には感じられた。それが日本に来ると、秋霜烈日《しゅうそうれつじつ》というか、そういうところがある。

立松　道元の性格だと思いますよ。臨済《りんざい》はまた臨済の厳しさがあるけれど、どこか豪快ですよね。

五木　宇治《うじ》の万福寺《まんぷくじ》に行ったときに、普茶《ふちゃ》料理をごちそうになったんです。あそこは黄檗《おうばく》宗《しゅう》を開いた隠元《いんげん》さんのところでしょう。

立松　ええ。

五木　黄檗宗は、日本の禅宗の中で唯一、中国色を色濃く残している宗派なんですね。それで、食前に「いやー、永平寺で大変叱《しか》られたんですけれど、何かおたくのほうの食事の作法はありますか」とうかがったら、一笑して「和気藹々《あいあい》とやってください」と言ってくれた。食事を囲むときは身分の隔《へだ》てなく、自分の箸で皿に載《の》っているものを勝手に取って、食べている間は笑顔を絶やさずに、和気藹々とやってくださいと言われたので、同じ禅でもこんなに違うかと思いました。

立松　永平寺は三黙《さんもく》道場といって、僧堂とトイレとお風呂では黙っていなくちゃいけない。食べるときも決められた作法どおりに食べるんですけれど、慣れない人間にはつらいですね。

五木　でも逆に、われわれのように近代的な生活の中でおしゃべりとか、無駄な行為とか、余計なことをして怠惰に暮らしている人間は、ときにはああいうピリッとしたものに触れると、やはり襟《えり》を正すようなところがありますから。

立松　そうですね、それは間違いないです。

なぜ、極端な粗食でも生きていけるのか

立松　ちょっと先ほど言いかけたんですが、献立が一汁一菜でしょう。いまもそうです。あと、お粥とかご飯とかだけだと、どう考えても栄養が足りないと僕は思うんです。

その話を永平寺のお坊さんたちにしたら、入堂して修行をはじめると、半年とかそこらで、必ず脚気《かっけ》になるそうです。われわれ、普通の俗世間では食べたい放題じゃないですか、焼肉でも何でも、お坊さんといえどもです。けれど、それは要するに過食なんですが、そうなると内臓が全部を吸収しないように制御をするのだそうです。ふだんの僕たちは、その状態なのだと。だから僧堂に入っても、はじめのうちはどうしてもそういう制御装置が働いてしまう、永平寺のような粗食でも内臓が制御をしてしまって栄養不足をきたす。だけど一度脚気になると、内臓が食べたもの全部を吸収するようになる。結果として、粗食に見えても、体にはそれで充分なんだと言いますね。もちろん、これは仮説だとは言っていますが。しかし道元以来、ずっとそれでやってきているわけで、いままで餓死した人はいないと。

五木　いや、本当にそうだと思う。九州、久留米《くるめ》の梅林寺《ばいりんじ》という臨済宗のお寺に行ったと

きに、食事の献立を見たら、ほんとに質素で、そのうえ一日二食でしょう。それでよくやっていけるなと思うけれど、みんな血色がよくて、筋骨隆々としている。どういうことなのかと思いますね。いわゆる栄養学なんて意味ないんじゃないかと。比叡山で千日回峰行《せんにちかいほうぎょう》を行なう人のメニューを見ても、どう考えてもインプットとアウトプットが全然合わないですから。豆腐とジャガイモとか、そんなのを一日二食で、三時から起きて、多いときには八十キロも山の中を駆けまわるという。

立松　僕も千日回峰行を二度やりとげた酒井雄哉阿闍梨《さかいゆうさいあじゃり》と対談したことがあって、食事もそうなんですが、走るときにかかとをつけないんですってね。坂を下りるときにかかとをつけたら遅いので、つけずに飛ぶように走るんですね。

五木　ですから修行というのは不思議なもので、人間が持っている能力というのは、実はこんなに無限なのかということに気づかされる、ということかもしれません。

立松　そうですね。本当にそうですよ。

五木　普段は眠っている五感を呼び起こす。われわれは五感のうち二感ぐらいしか使っていないんじゃないか。

立松　飽食することで無駄にしているんです。おいしいという快楽ばかりを追い求めて。永平寺も梅林寺も、ともに禅寺ですからたぶん同じようなものでしょうけど、食事は本当に質素です。とくに道元禅では道元が決めた「赴粥飯法《ふしゆくはんぽう》」という作法も決まっているわけです。これをそのとおりに実行する。食べ方ばかりかお風呂の使い方とかトイレの使い方まで規定があるんです。

五木　歯の磨き方まで。

立松　そう、歯の磨き方まで。中国に行って、道元が最初に気づいたのは、中国のお坊さんの口が臭いということだった。道元はこれは仏に対する礼に欠けると考えて、日本に帰ってから、歯を磨く作法を規定したのだそうです。その、道元が鎌倉時代に決めた決まりを、お寺の中ではいまでも守っているわけです。

ちょっと話はそれますが、このあいだ、中国の人と話していておもしろかったのは、日本に来ると懐かしい風景がいっぱいあると言うんです。たとえば禅の風景だと。もともと禅は曹洞禅も臨済禅もあちらから来たものでしょう。ところがいまの中国にはもうないから。

五木 残っていないんでしょうか。

立松 念仏禅という言い方はありますけど、日本の僧院のような禅的な風景は残っていないんです。それからこのあいだ、僕が親しくしている、僧侶で歌人の福島泰樹《ふくしまやすき》の寺に中国の友人を連れて行ったんです。あそこは法華宗《ほっけしゅう》で、経本《きょうほん》を渡して一緒に『法華経』を読んだんだけれど、そうしたら彼が「中国語じゃないですか」と言うんです。

五木 そうだよね。

立松 びっくりしていてね。

五木 それはそうだ。

立松 でも、彼は経本は初めて見ているわけですよ。向こうにはないんですから。いまの中国は、仏教が街のいたるところにあるわけじゃないから。

五木 ただ、寧波《ニンポー》の新華《しんか》書店に行ったときに、ベストセラーの中に『六祖壇経《ろくそだんきょう》』というコミックがありました。これは例の達磨禅の系統の第六代目にあたる慧能《えのう》という人が、詔関《しょうかん》の宝林寺《ほうりんじ》（南華寺のかつての寺名）で講演をするんです。それで中国全土から知識人、お坊さんがみんな集まって、その話を聞く。それでその話をまとめて一冊の本にしたものが、中国で最初のお経といわれているんです。『六祖壇経』といいます。

それを基《もと》にして、コミックにしているんですよ。これが二千万部売れたというんです。だから中国の中で、禅的な気質はいまだに生きているんでしょうね。ただ、文化大革命で相当破壊されてしまった。その後、周恩来《しゅうおんらい》がだいぶ寺を保護したみたいですが。

立松　いま仏教は復活しつつあるといっていいんじゃないですか。

五木　いまの中国では一種のブームかもしれません。ただ、中国の民間仏教というのは祈《き》禱《とう》仏教で、徹底して現世利益《げんせりやく》追求です。息子が大学に入れますようにとかいって、徹底的に祈る。それから、やはり寄付するという仏教ですよね。

立松　この間も突然、お寺に行こうと言われ連れて行かれたら、プラスチックでできたみたいなもので、キンキラキンの仏様がいて、二週間ぐらい前に華僑《かきょう》がつくったお寺だというのです。

五木　中国の仏教とかお寺を訪ねて、天童寺なんかはそれなりに風格がありますけれど、新しいお寺を見ると、ふつうの日本人はものすごく違和感を覚えるんじゃないでしょうか。

立松　覚えますね。このあいだ、西域のほうの、ある古いお寺に連れて行かれたら、博物館の人がいて、「きれいでしょう」と。「でも、隣りのお寺はお坊さんがいて、お線香を炷《た》くから、汚れてとてもひどい」と言うんです。びっくりしちゃった。何言っているんだろうと思って。文化財として残すのはいいけれど、心がなくなってしまっては意味ないんじゃないかと思ったりします。

五木　それは本当にそうだな。やっぱり昔の人たちの思想や信仰というものは、いま私たちにとってとても大きな意味を持つというところを振り返ってみる必要がありますよね。先ほどおっしゃった過食という問題もそうだし。

しかも冒頭にも言ったように、心のデプレッションという中で、日本がいま、世界の自殺大国といわれるような状態でしょう。こういう中で、やはり道元、親鸞という人たちに、心惹かれるものがある。そのへんをもっと突っ込んで探っていきたいなというふうに思います。

道元と親鸞の死生観とは

立松　たとえばですね、『正法眼蔵』でパッと思い浮かぶ言葉に、「全機《ぜんき》」の巻に「自己に無量の法あるなかに、生あり、死あるなり」というのがあります。自分の中に、全部の真理が働いている。道元という人はそういう言い方をするんですけれど、全部の、全世界の真理が自分の中に巡っていて、その中に生があり、死があると言うんです。一方、いまの世の中というのは生と死が切り離されて、生が大切で、死はあまり言うべきものでない、死のことを語るなという風潮がありますでしょう。ところが道元なんかは「生死《しょうじ》一如《いちにょ》」で生と死を区別しない、親鸞もそうでしょう。

五木　そうです。

立松　そういう思想を取り戻さないといけないと思います。たしかに生きることはすばらしいという考え方で戦後ずっときたわけだけれども、すばらしいことをやっている間に、いかに死ぬかということを考えなくちゃいけない。『正法眼蔵』、『随聞記』などを読むと、こう書いてあります。僧というものは貧しくあるべきである。そして衣とか食のこと、衣食のことを考えてはいけない。この世で出家して、仏の修行をする者には必ず衣食はついているものだから、そんなことを心配するな、いよいよ衣食が絶縁したときには、そのときには托《たく》鉢乞食《はっこつじき》をすればいいのであって、そんなことに怯《おび》えるな。

「無常迅速生死事大《むじょうじんそくしょうじじだい》」です。「無常」は、道元の言葉で一番頻繁に出てくると思うのですが、時はたちまち過ぎ去る。時はたちまち過ぎ去るから、怠ることなく修行を完成なさいというのが、大パリニッバーナ経にあるブッダの遺言です。時はたちまち過ぎ去る、無常迅速生死事大、生き死にを極《きわ》める、それだけをやればいいという思想ですよね。

だから死ぬときに安楽に死ぬという。僕は道元と親鸞の違いというのは、死後のことだと思います。道元には浄土はないんですよ。

五木　法然は、死後、臨終とともに浄土に迎えられるということを念仏の大事な目的とした。しかし一方、親鸞は浄土というものを、本当は第一に考えていないのではないかという気がします。親鸞は、法然の衣鉢《えはつ》を継いだわけだけれど、法然から一歩進めて、もっぱら地獄も浄土も、この世にあるというふうに考えたんじゃないかと思います。

立松　『歎異抄《たんにしょう》』の中で、浄土の迎えがたまらなく待ち遠しいという気持ちにならないと語っていますね。

五木　それは行ったことのないところだから自分にはわからないという、ブッダの言う「無記《むき》」という言葉とぴったり重なっている。親鸞は浄土の模様などを詳しく説明したりしません。それまでは恵心僧都源信《えしんそうずげんしん》などが、浄土にはこんな花が咲いていて、こんな音楽が聞こえて、こんなすばらしいところだよ、暑さ寒さもなく、食べることも、修行も一生懸命できるよ、というふうに語ってきた。

浄土というのは錯覚があって、みんなはとても楽なところだと思っている。そうじゃなくて、いま生きているわれわれは、いまの世の中では衣食に追われ、そして煩悩に追われて思うように仏を求める修行ができない。ところが浄土に行けば、そういう世間のいろいろなことに煩《わずら》わされずに、ひたすら悟りをめざして励むことができる、そして仏になることができるということなんです。法然《ほうねん》の浄土はそうです。

だから安楽で快適だというのは二の次なんです。そういうふうに考えると、回心《えしん》、心をめぐらすと書くんだけれど、浄土に行くということは、親鸞にとっては、いったんこの世で生まれ変わるということなのではないか。

親鸞もやっぱり、死んだら人は浄土に行くかということに対しては、きっと救われると言っているだけで、浄土というのは、この世で心の闇《やみ》が光に照らされる、それが浄土だというふうに心の中では考えているんじゃないでしょうか。僕はそういうふうに解釈していますね。

立松　日蓮上人の「お文《ふみ》」ってありますね、こんな手紙を支持者に送っているんですが、亡くなったら霊山《りょうぜん》浄土というところに行くから、そこで日蓮の名前を言いなさい、私はいつでも待っているからと言うんです。

それが日蓮の霊山浄土だと思うんですけれども、あまり明確ではないですよね。『阿弥陀《あみだ》経《きょう》』に説かれているような明確さは、鎌倉仏教にはあまりないんじゃないですか。どうなんでしょう。

五木　とりあえず、当時の人にしても死の不安というのが一番大きい。その死の不安を取り除くという発想だと思いますけど。

立松　生死事大《しょうじじだい》ですから生死を究める。生死というのは生きて死ぬことですから、どっちもですよね。生の中に死があり、死の中に生があるから生死一如《しょうじいちによ》です。本当に死ぬときにすべてを悟るという。道元ふうに別の言い方で言えば身心脱落《しんじんだつらく》で、身心脱落とは何かというと、頭で考えるものではないという。それはわかっているんですが、頭ではなく体験するものだとはわかっているんだけれども、でもどうしても考えてしまうんですけどね。

「身心脱落《しんじんだつらく》」とは何か

五木　身心脱落《しんしんだつらく》というのは、道元が留学先の中国で瞑想を続けていたときに、ある夜、光り輝くような体験をした。それで如浄《にょじょう》という師匠のところに行って、こういう体験をしましたと報告すると、如浄の言ったことが……。

立松　「身心脱落、脱落身心」でしょう。

五木　ですから、もとは道元の言葉ではないんですね。如浄は「心塵《しんじん》脱落」と言ったようですが。

立松　如浄が、悟りとは身心脱落であるということを言っているわけです。これは僕だけの解釈で、正しいかどうか、わかりませんけれども、要するに、われわれは秩序の中にあって、持っている観念というのがありますでしょう。

それは意識しなくても確固たるものがありますでしょう。そういう秩序、観念の関係性がバラバラになってしまう。そのことによって、自由自在になるという境地が、身心脱落ではないかと思います。

五木　なるほど。心も体も、ともに既成の概念にとらわれた心であり、体である。いまある自分は、そのように雁字搦《がんじがら》めになっている自分である。それが解き放たれて、自在な存在と化すというのが道元の受けとめた身心脱落であると。

立松　そうですね。関係性が、何かふと解き放されているような感じです。禅の人はよく言うんだけれど、「小さい悟りは数知れず、大きな悟りは一度、二度」と言うんです。大きな悟りはなかなかないんだけれど、小さな悟りは数知れずという言葉があって、われわれも、ふっと、「あ、そうか」と思うときがある。

五木　そう思うときがありますよね。目から鱗《うろこ》が落ちたというときは、たしかにあります。

立松　それは小さな悟りだと思うんです。僕なんかも市役所にまで勤めて、それでも小説を書きたいと思って、もう別に市役所とかいいんじゃないか、自由になろうと思ったときが、ある意味の小さな悟りの身心脱落だったのかもしれません。

悟りというのをあまり重大に考えない、いまのわれわれが生きるためには、数知れない小さい悟りを大切にしていくというのかな。

五木　小さな悟りが山となり、いつか大きな悟りに達するということも考えられないではないですね。

立松　そうだと思います。僕はこうやって話していて、五木さんからいろいろな示唆をいただいて、それを悟りと言っていいのかどうかわからないけれど、脱落していくものというのはありますから、捨てたというものもあるし。特に親鸞に対しては、目が開かれていきますからね。

五木　道元が脱落と言っているもの、その表現がおもしろいですよね。真宗のほうでは獲《ぎゃく》得《とく》とか言うんです。そういう信心を得たということですね。だから心も体も解放されて無心な状態になったということなのでしょう。それで「信心獲得《しんじんぎゃくとく》」というと、自分の背筋に一本筋が通ったような、他力本願というものを得たという、その喜びをうる、と。

立松　それは一種の悟りというか、認識を得たということですかね。

五木　ただ、頭の中のパラダイムが転換したというような問題ではなく、言葉に尽くせないような、直感を交えた感動というか、そういうもので一瞬にして視野が逆転したというような、そういうことではないんでしょうか。

たとえばブッダが苦行をして、苦行が無為に終わったということで里に下りてくる。娘から乳粥をもらいます。それを食べて、木の下で瞑想しているうちに、悟りを得たといいますね。何を得たのかというと、はっきり見えたんじゃないかと思うんです。生老病死《しょうろうびょうし》の四苦《しく》とか、それからそこから解放される道があるとか、どうすれば解放されるかとかということが目の前にバーッと開けて、はっきりとそれが見えたというのではないでしょうか。

立松　そうですね。ただ道元が身心脱落と如浄の言葉を伝えていますが、その内容というのは一切伝わっていないわけです。それは伝えようがないんだと思うんですよ。関係性がバラバラになったとか、そんなことを言葉では説明できないものだろうし。

五木　でも一瞬にして拈華微笑《ねんげみしょう》的に伝わっているんだと思うんですよ。それが先ほども話に出た「面授《めんじゅ》」ということだろうと思うんです。やはり中国もそうだけれどもインド亜大陸はゼロを発見した国だけあって、ヨーロッパの文化と非常に近いですね。論理的で、理詰めで、叙情的ではない。一方、日本というのは感性というのが非常に微妙なところがある。

僕は日本仏教とインドの仏教はかたちは違って当然、だけど本道だけは外れていないんだろうと思います。

シックマインドとヘルシーマインド

立松　拈華微笑というのは、このあいだ出典を探していたら『大梵天王問仏決疑経《だいぼんてんのうもんぶつけつぎきょう》』なんですね。あれは中国の偽経《ぎきょう》ですから、もとは中国で生まれた話ですよ。

五木　そうらしいですね。だいたい大乗仏教の経典そのものが、中国でつくられたものが大部分だそうですし。

立松　偽経という言葉が使われますけれど、でも僕は偽経でかまわないと思いますよ。

五木　偽経と言ってしまうと、全部が偽経みたいになってしまう（笑）。物語でいいじゃありませんか。

立松　偽経でないといえば、アーナンダたちが話したことで、のちに仏典結集《ぶってんけつじゅう》でまとめられたごく初期のお経は、たしかに偽経ではないわけだけど、それなら『法華経』はどうなるのかということになります。『法華経』は釈迦の語った言葉を記したものかといえば、それは違います。『法華経』は少なくとも紀元前後にできた経典ですよ。大乗仏典と呼ばれるお経はだいたいそうです。

五木　いわゆる大乗仏典というのは、そうだそうですね。
立松　その伝で言えば、『観無量寿経《かんむりょうじゅきょう》』や『無量寿経《むりょうじゅきょう》』といった浄土教系《じょうどきょう》の根本経典も、みんな偽経になるんです。
五木　作者、編者もはっきりしていない。そんなふうに無名の人たちによって加工されたり変化したり、解釈され直したりしながら発展してきたものというふうに考えればいい。ブッダの肉声は残っていないわけですから。仏典結集でまとめられたお経にしたところが、どれだけみんながブッダはこうおっしゃったと言っても、その人の聞いた範囲内でしかないわけですし。
立松　そうですね。要するにブッダの言葉、『スッタニパータ』とかならそれだっていいと思うんです。しかし体系立った経典というのは、『法華経』などはその代表だけれども、大乗仏典というのは後年の思索の積み重ねが結集された世界だと思いますね。だいたい大乗仏教とは、ブッダの死後、何百年もしてから成立したものですから。
五木　だからそのことを言うと、僕はやっぱりブッダの死とともに、ブッダの教えというのはいっぺん終わっていると思いますね。死ぬことによって、たとえば土の中に蒔《ま》かれた種《たね》が芽を出すように、もとの種のかたちとは違うけれど、芽を出して、やがて大きな森になってきたというのが、いまの仏教だと思います。それはそれで偉大なことだというふうに思いますが、やっぱりいろいろな意味で原初のものとは違ったものになっているということは確かですから。

立松　そうですね。道元に『宝慶記《ほうきようき》』という本がありましてね。これは道元と師の如浄との問答をまとめたものなのですが、その中でですね、道元が如浄と二人で、いま話の出た結集《けつじゆう》の話をしているんですね。そこで道元は、ブッダの弟子のアーナンダが「如是我聞《によぜがもん》」つまり、私はブッダの言葉をこのように聞きましたと語っているわけですが、アーナンダの仏教は小乗ではないか。だとすると、仏教の頂点というのは全部小乗のはずだと道元は言うんですよ。

そして、僕はよく知らなかったんだけれど、文殊菩薩《もんじゆぼさつ》の結集というのが伝わっているんだそうです。道元は、その文殊の結集こそは大乗仏典ではないかというふうに如浄に聞いているんです。そうしたら如浄はこんなことを言っているんです。そんなことを疑うより信じることだと。「須《すべか》らく諸仏の法はかくの如しと信知すべし、彼此の疑《うたがい》を致すべからず」

五木 信じるということはそういうことでしょう。「不合理ゆえに、われ信ず」というぐらいだから。信じることに説明を加えたら、信ということとは関係ない話になる。

立松 ただ、師と弟子とで、そんなことを話したかなと思うと、『宝慶記』のこの話はすごくおもしろかったですね。

五木 やっぱり信じるということは、不可説《ふかせつ》、不可称《ふかしょう》、不可思議《ふかしぎ》といっていますけれど、そういうものだと思いますね。だからどこかにそういう人間の論理とか知恵とかを越えたような働きがなければならないから、それを神秘主義的というふうな言い方をしてはいけないのではないか。道元と親鸞の重なる点の一つは、この人間から人間への伝達ということを重視したことじゃないでしょうか。いわゆる「師資相承《ししそうじょう》」ですね。道元にとっての如浄は、親鸞にとっては法然です。仏道を信じるとは、師の人間性を信じるということです。そこが神秘主義とは違う。

立松　そうですね。発心《ほっしん》とは、やむにやまれぬものでなければならないと道元はどこかで言っているんですけれど、やむにやまれぬというのは心が決めることで、論理ではないんですね。

五木　ないです。それと、やっぱりよく言われることだけれど、ウィリアム・ジェームズという人が『宗教的経験の諸相』の中で、人間にはヘルシーマインドとシックマインドがあって、宗教的なものに惹《ひ》かれるのはシックマインドだと言っている。ヘルシーマインドには宗教は必要がない、と。シックマインドというのを「病める心」と訳されるとちょっと具合が悪いんだけれど、僕は「悩める心」と訳すればそれも言えるんじゃないかと思いますね。本来どうしても生きがいとか、生きている意味とか、死とかということを、つきつめて考える性格の人と、それからどんなに言われても、そういうことを全然意識しない人がいるというように、性格の違いはありますから。

前にも話の出た明恵《みょうえ》なんていう人は、十三歳にして、「心に思わく、今ははや十三になりぬ。すでに年老いたり。死なんこと近づきぬらん」と言ったそうなんですが、若いときに非常に美しい子どもだったそうです。それで周りの人が、こんなに器量のいい子じゃ立派なお坊さんなんかになるのは無理だろうと言ったら、彼は縁側から飛び降りて、下の石段に顔を打ちつけて、自ら顔を傷つけて醜い顔になることで立派な僧侶になろうと決意したという。

立松　それはそうですね。この人などは典型的なシックマインドだと僕は思いますね。

五木　幼いときから何か非常に強い求道心というのを備えた性格ってあるものじゃないでしょうか。

立松　そうですね、明恵の有名な遺訓に、「凡《およ》そ仏道修行には何の具足《ぐそく》もいらぬなり。松風に睡《ねむり》をさまし、朗月《ろうげつ》を友として極《きわ》め来《きた》り極め去るより外《ほか》の事なし」というものがあります。明恵も魅力的ですよね。

五木　不思議な人です。ただ、やはり熱狂的な人ですね。ある意味では宗教というのは、仏教にしてもそうですが、本質的にたとえばカルチャーの一部として親しもうとか、教養として勉強しようとか、そんなものではなかろうと思いますけど。

立松　そうですね、生死、生き死にの問題ですよ。

五木　やっぱりこれがなきゃ、自分はもう自殺するしかないというぐらいの激しい悩みというものを抱《かか》えた人が、どこかそういうところに自ら求めて近づいていくし、そこではじめて得るものがあるのであって……。

立松　僕は、古い友人に「何でそんなに仏教なの？　おまえ、そんなに悪いことしたのか」ってよく言われるんだけど（笑）。まあ、しているかもしれないなと思って。やっぱりすごい強力に惹かれるんですね。でも、その心というのを微分して人に語るというのは非常に難しい。

五木　説明しても、始まらないんじゃないでしょうか。

立松　たとえば僕が道元を書いたということは、道元に対して帰依《きえ》するような部分がありますから。それこそ知床《しれとこ》の山なんか歩いていても、『正法眼蔵』の一節がふと浮かんだりして、書いてあることが本当にそうだなと思ったりするんです。仏教、もしくは禅というのは自然の摂理、自然の理というか、そういうものと一体化していくようなところがあるわけですよ。それを仏と呼んでいるところがあって、自然というのは非常に強いんです。

五木　親鸞の最後の到達した地点の、その結晶した言葉としていつも言われるのは、「自《じ》然法爾《ねんほうに》」ということですね。自然というのは自《おの》ずからなる、自ずから然《しか》らしめるという大きな力、真実というのは自然である、自然は真実であるということで、そういうところに行きつくわけです。入り方はあちこちから違った言い方をしていても、何か行きつくところはそういう共通のところへ行きつくような気がしますけど。

立松　そうですね。永平寺の前の貫主《かんじゅ》で、先年亡くなられた宮崎奕保《みやざきえきほ》禅師と何度も対談させていただいたんです。数えの百八歳で遷化《せんげ》されたんですが、あるとき、自然とはいったい何か、というようなぶしつけな質問をしたことがあるんです。ふつう答えられませんよね、僕は質問してしまってから、「人はどうして人を殺してはいけないんですか」と子どもが大人に聞いて、大人は誰一人答えられなかったということを思い出して、これはその類《たぐ》いの質問だったかなと後悔していたら、禅師はこう答えてくれました。

わしは日記を毎日書いている。誰が来たとか、どこでどうしたとか、箇条書きで素《そ》っ気《け》もない文章を書いている。ただ、その余白に、雪が降ったとか、何の鳥の声を聞いたとか、何の花が咲いたとか、永平寺の周りの自然描写、自然の観察の結果を少しメモしておく。それをあとで見ていくと、ほとんど一緒だと。多少、一週間ぐらいの違いはあるだろうけれど、ほとんど一緒といってよい。これが自然だとおっしゃった。僕はすごくわかったような気がしましたね。

第三章　「宿業《しゅくごう》」とは何か

「宿業」ということ

五木　あらためて親鸞聖人のことを考えるのですが、やはり『歎異抄《たんにしよう》』というのは、どう考えても、専門の僧侶のために書かれた本ではないのです。

立松　人間くさいですものね。

五木　非常に人間くさい……。あつかっているのは、それこそわれわれが日常暮らしている中で常に突きつけられる問題ですね。とりわけ「宿業《しゆくごう》」ということが、この本にはつきまとっています。宿業が出てくるのは、弟子であり『歎異抄』の筆者とされる唯円《ゆいえん》に向かって、親鸞が「おまえはわしの言うことを何でも信じるか」と問いかけるとき。「はい、仰《おお》せのとおりいたします」と唯円が答えると、親鸞は「じゃあ、人を千人殺してこい、と言ったらどうだ」と迫る。そして唯円が「それは私にはできません」と尻込みする。すると親鸞は、こう語ったという。

「その人の心がよくて千人殺さぬわけではない、その縁があれば、人一人殺さずと思っても百人殺すこともあるであろう、あるいは千人殺したいと思っても一人も殺せないものなのだ」

ここで親鸞は、善とか悪とかいうものが相対的なものであることを指摘して、そこで「その業縁《ごうえん》あれば、人は状況のなかで常に変化するものだ」と、言うのです。とにかくその人間の行なった業《ごう》、業縁の結果でないものはこの世にないということですね。ですから簡単に、よいとか悪いとか、人の善悪なんかを評価してはいけないという話です。これは悪人正機《あくにんしょうき》と並んで『歎異抄』の中の、あるいはクライマックスとも言えるような大事なところだと思うのですが、僕は最初に読んだときに、「宿業」とか「業縁」とかいう言葉が、なんだか生理的にすごく嫌だったんですよ。

立松　差別を感じさせるということですか。

五木　そうでなく、何かつらいものを感じたのです。

なぜブッダは、未来を語らなかったか

立松　われわれ現代に生きている人間にとっての仏教というのは、根本的には輪廻《りんね》思想の

上になりたっています。けれども現在の仏教というのは、輪廻に関する思想的な空間認識というのでしょうか、輪廻というものの見方が非常に希薄になっていると思うんです。道元を読んでいて、ああ、この人は本当に輪廻思想を信じているなと、僕はしばしば強く感じます。輪廻というのは、宿業というものが出てくる根底にある思想だったはずなのです。

たしかに、いまの時代を生きるわれわれは、前世《ぜんせ》、現世《げんせ》、来世《らいせ》ときちっと分けることができにくくなっていると思うんです。きっと、仏教をめぐって思想的な、何かの変遷があったのだと思うんです。このことは来世の浄土ということをどうとらえるかという、非常に根本的な問題にもつながってくると思うんですね。

五木 ブッダは、来世のことを語っていない。

立松 現世、いまのことですよ、ブッダが語ったのは。

五木 僕は、ブッダという人は、宗教家というよりは、いま人がどう生きるかということをずっと語り続けた人だと思います。目の前に見える物事にこだわるだけが人間の生き方ではないよとブッダは言いました。その見えない世界への思いを語り、人の心の見えない内側のことも語った。いろいろなかたちでそれを伝えたのです。たとえばごく一般の人には、たとえ話のような話もし、また学僧たちとの論戦に対しては、それなりのきっちりした論理で語り、それこそいろいろなかたちで話しています。

僕がインドに行ったときの話ですけど、ガイドしてくれた人が北インドの出身でした。ターバンを巻くシーク族の人です。それで南部のほうに行ったときに、そのガイドの言葉が通じなかった。インド人なんだけれど、南部では彼のインド語がほとんど通じない。現在でもインドには何百という方言があって、その方言は、たとえばわれわれが津軽弁とか鹿児島弁を聞いて、だいたいこんな話だろうと想像できる程度じゃなくて、ほとんど通じないところもあるそうです。

立松　そうらしいですね。

五木　そのことを聞いて、おそらくブッダという人は、ガンジス川を中心にその河畔に沿って南へ北へと経巡《へめぐ》っていく間で、その土地、その土地の方言をちゃんと使って話をしただろうなという気がしたんです。江戸時代の川柳に、「釈迦牟尼《しゃかむに》はばかに話が上手なり」というのがあります。これはブッダをおちょくっているんだけれど、たしかにあの人は雄弁であり、かつ時に応じ、相手に応じておもしろく話します。そしてときには美しく、ときには示《し》唆《さ》に富んだ物語をした人ではないかという気がするんです。

そういう話の中で語られる、現世、来世、前世というか、宿業というのは一言で言えば……。

立松　前世に犯した罪業《ざいごう》でしょうね。

五木　ということは、前世というものはたしかにあるということですか。

立松　そうですね。やっぱりインドの仏教の基盤みたいなものに輪廻思想がありますのでね。

五木　それはバラモン的な伝統から流れてきている思想でしょう。

立松　そうだと思います。日本に仏教が来たときに、やっぱり輪廻思想から説かれて宿業などという考え方が現われてくるわけだけれど、宿業だと言われたら、もうどうしようもないですね。そして宿業は前世からの報《むく》いだと言われる。けれどもその宿業という輪廻思想は、そもそも日本人の思想の根底としてどうなんでしょうね。

五木　僕は、輪廻思想に対しての仏教の立場というものがよくわからないときがあるんです。

仏教では何かというと、輪廻から脱することが最後の究極の目的だというでしょう。輪廻というのは、六道《ろくどう》つまり、天道《てんどう》、人間道《にんげんどう》、修羅道《しゅらどう》、畜生道《ちくしょうどう》、餓鬼道《がきどう》、地獄道《じごくどう》という六つの世界を転生すること。それは大変に恐ろしいことであり、苦しいことである。しかも「人身《にんしん》受け難し」といって人間として生まれること自体が、まれにみるぐらいの幸せなことだと言われるわけなんですね。輪廻から脱して、ニルヴァーナ（涅槃《ねはん》）というか、何というか、そういうところへ行ってしまって、そこにいて何をすればいいんですかね（笑）。浄土がはっきり見えないということは、地獄が見えていないということだろうと思いますけど。

立松　笑い話ですけれど、『ハックルベリー・フィンの冒険』というアメリカのマーク・トウェインの作品を読んでいたら、こんなシーンがありました。ハックはいたずら小僧で悪ガキで、みなし子ですが、育てのおばさんが「ハック、あなたはそんな悪いことをすると天国に行けないわよ」と言うんです。ハックが「天国ってどういうところ」と聞いたら、「いつも音楽が流れていて、みんなでお茶を飲んでおしゃべりをして、静かに楽しく過ごせるところよ」とおばさんは言う。すると、「そういうところなら行きたくない」ってハックは言った（笑）。ハックのおばさんが言うような天国というのは、われわれにとって浄土ですが、改めて考えると浄土とはいったい何なのか。

僕はイスラム教はよくわからないけれど、自爆テロをやる人たちが、何で自爆をするのかというと、来世が保証されているからと言いますね。

五木　それははっきりと信じているんだと思います。

立松　来世で美女に囲まれてという、そのような願望は、仏教の「煩悩《ぼんのう》を捨てよ」という教えとは逆じゃないですか。何が幸せかというと、美女に囲まれ、物質的に保証され、食い物はいつもあってという、欲の塊《かたまり》みたいな世界、そういうものを彼らは天国と言っているのかなと思ったりするんです。僕には何もわからないですけれども。

五木　浄土往生をちゃんと信じて、ひたすら念仏をすれば、人はたとえ十悪《じゅうあく》五逆《ごぎゃく》の悪人たりとも浄土に生まれ変わることができる。これが基本的な浄土教の考え方ですね。浄土とは何かと言うときに、極楽浄土とつなげて言う場合がありますね。しかし浄土は一つではなくて、本当はいっぱいあって、阿弥陀如来《あみだにょらい》の浄土が極楽浄土、薬師《やくし》如来の浄土が瑠璃光《るりこう》浄土とか、いろいろあるわけです。

立松　釈迦如来の霊山《りょうぜん》浄土もありますしね。

五木　そういうたくさんの浄土があるわけだけれど、浄土というのは、字の言葉どおりとっていけば、やっぱり清らかな場所ですよね。清らかな場所というのはどういうところか。昔の浄土図というのがあるけれども、天女が舞っていて、蓮《はす》の花が咲いていていて、寒さ暑さはなくて、それで食べ物や着るものの苦労とか心配もない、身を脅《おびや》かす外敵もいない、こういうのが浄土というふうに、一般には思われているんじゃないでしょうか。

立松　一般的にはそうですね。

地獄は現世にこそある

五木　その反対の極《きょく》に地獄という考え方があって、これは特に恵心僧都源信《えしんそうずげんしん》あたりから具体的なイメージとして固定しますね。針山地獄、血の池地獄などの絵に描かれたようなすさまじい地獄があり、閻魔《えんま》さんが釘《くぎ》ぬきを持って舌を抜くとかしていて、浄土と地獄は相対して背中合わせにある。浄土に憧《あこが》れると同時に、地獄にだけは行きたくないという気持ちが俗人には強くあるはずです。浄土に行きたいと思わなくても、地獄には落ちたくないと願う人がいると思うんです。

しかし現代では、浄土に行けば寒さ、暑さはないと言われても、いまはだいたい冷暖房完備の生活を送ることができますし、食品公害とか何とか言いながらも食べることには事欠きませんし、みんなそれぞれコンサートに行ったり、オペラを見たり、生活をエンジョイしているわけです。ｉＰｏｄとかデジタル機器がいろいろあるのだから音楽にも不自由しない。そういう中でどうなんでしょう、人はあえて浄土に憧れますか。

立松　浄土観というのは非常に難しいものです。浄土には自分たちの命を脅かすものがないとか、自分たちを害する敵がいないというのがまず一つ考えられると思うんです。でもそういう感じの浄土というのは、本当に幸せなのかどうかよくわかりませんね。みんな同じ考えを持った人たちがいると退屈だとか（笑）。

少しは議論もしたいし、僕と五木さんも話せば少しずつ違いが出てくるので、そういう議論というのも楽しみの一つじゃないですか。

五木　しかし、議論するという立場からは、切実に浄土を求め、真剣に地獄をおそれるという気持ちは出てこない。

立松　僕は浄土観というのは描きにくいんです。地獄は描けるんです。たとえば鎌倉時代に浄土を切《せつ》に願って、自分が極楽往生するために阿弥陀如来の前で一生懸命念仏を唱えたり、いろいろなことをしたのに、結局阿弥陀の来迎《らいごう》がなくて絶望して死ぬというような話はたくさんありますよね。

親鸞聖人も、来迎は自分には来ないという意味のことを言っています。でも平安末期には、阿弥陀如来が大勢の連《つ》れを引きつれて雲に乗ってやってきて、自分を浄土へとお迎えしてくれるという浄土教の信仰がはっきりあり、この世に浄土世界を再現した平等院《びょうどういん》のような建物もあり、現世と浄土の間には、はっきりした空間認識がありましたよね。

五木　ええ、そこで「二十一世紀に生きているわれわれは、いま熱く浄土を求めているか」ということを考えると、どういうことになるのかが問われることになる。

立松　浄土観というものがだんだん揺らいできているというのでしょうか。ただ怖いことに、地獄ははっきりしているんです。それは災害に襲われるかもしれないし、飢餓もそんなに荒唐無稽《こうとうむけい》なことではありませんし。

五木　現代でも戦争というのは地獄ですから。

立松　われわれはコンピューター・グラフィックス（CG）などの技術を使えば、地獄はイメージとして簡単に描けると思うんです。でも極楽をどういうふうに描くのかとなると……。

五木　現代人にとっての極楽の絵って難しいでしょう。

立松　難しいですね。

五木　かつては浄土の絵があって、絵解きと称してお坊さんたちが棒を持って説明していき、善男善女に感涙を催《もよお》させたわけですから、そんなに難しくなかったのかもしれない。なにしろ、本当にその日の食にも困る人たちとか、動物以下の生活をしている人たちがたくさんいるような時代には、ものを食べるに困らないというだけで浄土をありがたがれるわけですから。

立松　物質的な幸福で、幸せになれたわけですね。

五木　そうです。寒さ、暑さがなくて、食べていく心配もない、そういう世界はやっぱりあこがれの世界だったのだろうと思います。いまだって、たとえば中東とかアフリカ諸国の難民キャンプにいる人たちは飢餓線上にいるわけでしょう。病気がなくて、ものが食べられて、とりあえず争いがなくて殺されないとなると、それだけでもその人たちにとってはそれが浄土と言えると思うんです。

立松　何年か前に網走《あばしり》刑務所の一日所長をやったんですよ。行く前は網走刑務所は地獄だろうと、勝手に思っていたわけです。ところが、一週間分の料理がきちんと保存されていて、昼飯の毒見をしたんですが、その日はすき焼きとナスのピリ辛炒めで、ある日はホッケ一枚です。けっこう美味しいものです。そして、あそこは冷暖房完備で暑さ寒さはないんです。

五木　私もNHKかどこかのテレビで、網走のルポルタージュをやっているのを見ましたけれど、今日テレビ番組で何を見るかというのは多数決で決めるということでした。

立松　民主的ですね（笑）。

五木　清潔でびっくりしました。かつての網走監獄、番外地というイメージではないですね。

立松　全然違いますね。独房はつらいかというと、独房ならテレビを一人で見られるんですよ（笑）。六人部屋だと多数決ですけど。ちょうど土曜日だったんだけれど、その日の午後は作業がなくて、独房ではみんなずっとテレビを見ていましたね。病気になっても医者がいるし、下着とか必要最小限のものは支給になる。食事も十分食べられる。お金のある人は、その上に差し入れも受け取ることができる。

五木　職能教育といって、焼き物や大工仕事の教室も開かれていました。そこで技術も身につけることができるという。

立松　技術を身につけながら、安いですが賃金ももらえるんです。それが貯蓄されて、出るときにかなりの額になるんです。作業場だから、金づちとかノミとかの危ない「武器」がやたらとあるんですが。

五木　そうしてみると、いま地獄はどこにあるかと探すと、目に見える普遍的な地獄が見つかりにくいのです。実はあってもそれが隠されていて見えない。見えるものとしては戦争です。

立松　そうですね、おっしゃるとおり。

五木　一番最近身近なところでの地獄といえば、遡《さかのぼ》ると朝鮮戦争があり、ベトナム戦争があり、その前はアウシュビッツがあったわけです。僕は以前、『アウシュビッツの奇蹟』という本の推薦文を書いたんだけれど、やっぱり「アウシュビッツ以前」と「アウシュビッツ以後」では人間の思想が変わったと言われるぐらい、あれは大きな出来事なんですね。アウシュビッツはまさに二十世紀の地獄です。いまならパレスチナとかアフガニスタンなどが目に見える地獄かもしれません。

立松さんもお書きになったけれど、太平洋戦争も地獄でした。大岡昇平《おおおかしょうへい》さんのフィリピン戦線を題材にした『野火《のび》』などを読むとそう思います。

日本の兵士の命が無謀に消費されていった太平洋戦争はひどいものでした。コレヒドールにしても、ビルマのインパールの戦線にしても地獄です。そういう地獄は、この百年の間に実際にはいくつかあるけれども、それと同時に、現在の上海《シャンハイ》とか、バブル期の東京とか、金融不安の前のニューヨークだとか、そういったところには、天国をしのぐようなあり余る贅沢と安逸、享楽があったわけでしょう。

立松　でも、背中合わせに地獄があるんですよね。

五木　その地獄の存在によって支えられているというのがバブルの本質だと思うんです。だけどそれを一般的な考え方でどういうふうに言うかというと、非常に難しいですね。

立松　ところで、いまの時代は、突如日本にも不況が襲ってきて、派遣切りということもあるけれど、普通に働いていて、突然クビを切られて、そして滑り台を下るように突然地獄に落ちるということがありますね。突然食べるものがなくなって、住む場所もなくなる。ストーンと落ちていく。そういう構造がときどきあるわけですよね。

五木　それはあるけれども、かつてのように、つまり『蟹工船《かにこうせん》』の時代のように、プロレタリアートといわれるピラミッドの底辺のような、本当に地獄に生きる人々が大多数という時代ではないんです。変な言い方だけど、人員整理とか派遣切りとか、そういうことが片方にありながら、やはりブランド商店街もミシュランの高級レストランも、人はいっぱい行っている。

まあ、街を走っている車を見ただけでわかるじゃありませんか。ベンツだ、BMWだという車が大挙して走っているわけです。これを見ていると、ほんのごく一部の一握りの特権階級がいて、一方に大多数のプロレタリアート、失うものは鎖しかないような悲惨な労働者がいるというような状況とは、かなり違う。

現実の問題として、高齢者たちがいまの介護の状況で、いわゆる特別養護施設みたいなところで置かれている状況は、正直言うと本当に地獄みたいなものなのかもしれません。その地獄が一見、よく見えないところへ隠されている。いまはそういう状況かなという気がするんです。日本だってありますよ、地獄のようなところは。

立松　地獄はもちろんあるんです。ただ、死体や病気は汚いとか、隔離するとかして、地獄を見せないようにするという思想は社会の中に強くありますね。では、死は地獄かといえば、これは誰にだってやって来るもので、そう考えると誰にでも地獄があるということになるわけです。

みんな誰でも結局死ぬわけです。いまは幸せでも、次の瞬間に死ぬかもしれない。けれども現代は、そういう無常の恐怖みたいなものを忘れさせてくれる時代なのかもしれない。そのことが本当に幸福かどうかわからない。忘れていた死というものが突然来るのだから、もっと怖いことかもしれませんね。

五木　戦時中、関東軍の参謀をやっていて、戦後伊藤忠などの顧問も務めた瀬島龍三《せじまりゅうぞう》さんと対談したことがあるんです。そのときに瀬島さんが、「五木さんは仏教に関心がおありのようだけれども、本当に仏教の黄金時代というか、そういう宗教が人々の心に広く染み渡った時代というのは、地獄のような時代だったんですよ。だから現代人が宗教に関心を持たないというのは、いい時代なんじゃないですか」と言った。

人々が政治を忘れ、宗教を忘れるような時代こそ一番平和な、平穏な時代なので、人々が熱烈に宗教を求めるというのは地獄のような時代ではないですかと言われたその瞬間に、僕はそれに対して、とっさに反論することができなかったんですね。その言葉には一面の真理がありますから。

立松　ありますね。

個人の救済を目ざした親鸞と道元

五木　この十年、年間の自殺者が連続三万人を超えるという実態から見ても、いまの日本の状況はたしかに地獄に近い状況だと思う。けれども、はたして現代に浄土と言わないまでも、何か別の違う世界を熱烈に求めるという雰囲気があるかというと、僕は新宗教も含めて、その熱気はちょっと冷めているような気がするんですが。

立松　そうですね。地獄は個人的にやって来るという感じです。要するに、たとえば戦争があれば爆弾が落ちてくるんだから、誰にでも地獄がやって来るわけじゃないですか。でもいまは非常に個別にそっとささやきかけるように地獄がやって来るというのか、たとえば突然破産宣告をされたり、不治の病気だと言われたり、何か一人ひとりが分断されているというか、共同性がなくなってきている。

五木　それはすごく大事な指摘だと僕は思います。というのは、親鸞がやったことというのを、日本の長い仏教の歴史、あるいは思想史の流れの中で見ると、やっぱり個人というものを信仰と結びつけた点にあると思うんです。彼が個人の信仰を確立したわけです。

阿弥陀如来信仰には、「われ一人のため」という発想があるでしょう。親鸞は近代に至る前に個人の自我というものを確立したのです。それまでの宗教というのは、すなわち国家の宗教であり、民衆の信仰であり、村人《むらびと》、職人グループの信心だった。五穀豊穣《ごこくほうじょう》や鎮護国家といった社会的要請のために使われ、僧侶たちは朝廷から官位をもらって任命されていた国家公務員です。

そういう大きな世界にある宗教勢力というものから離れて、庶民大衆というもののための仏教を模索したのが法然で、親鸞がやったことは、さらに庶民大衆の中の一人ひとり、個々の個人の、個の自覚を切り開いたということだと思います。僕はそこが親鸞の一番大きなところだと思うから、「地獄は個人的にやって来る」というのは、ものすごく大事な視点だと思いますね。

立松　鈴木大拙《すずきだいせつ》の『日本的霊性』で、日本に仏教が確実に根づいたのは、浄土真宗と禅の二つがあったからだという指摘をしているんです。鈴木大拙は禅者ですから禅が入るのはわかりますが、民衆一人ひとりの心の中に入っていったのは浄土真宗ですよね。

五木　なるほど。

立松　僕は親鸞聖人の時代というのは、仏教が本当に土着したというか、日本人の血肉になっていった時代だと思います。それまでは民衆に仏教が届いてなかったのかと、歴史を考えると不思議な感じがするんですね。だけど届いてはいなかったのでしょうね。

五木　古代からある種の見えざる世界の力というものに対する深い信仰というのは、あったと思うんです。それはアニミズムであり、神仏が混淆《こんこう》したような状態での見えざるものへの畏《おそ》れであり、あるいは怨霊《おんりょう》とか、自然の災害に猛威を振るう神々とか、そういう自然発生的な信仰観は非常に深かったと思います。だから人々は祭りをし、いろいろなものを畏れ、敬《うやま》った。だけどそこにはやっぱり個の思想というか、そういうものはなかったと思いますね。

立松　もともと持っていた感性に頼った信仰ですね。

五木　そこに仏教が入ってきて、それまでの惟神《かんながら》の道の世界に、一つの論理的体系をつくりあげた。それはいいけれども、それを公《おおやけ》の宗教として国家、朝廷が管理した。これが現実だったと思います。

立松　もちろんそういう流れがあって、一方で奈良仏教の時代から、行基《ぎょうき》などの聖《ひじり》の世界の流れが続いていたわけですよね。僕は、時代はずっと下がりますが、江戸時代の円空《えんくう》とか木喰《もくじき》に非常に興味があって、『木喰』という小説を一冊書いているんです。たとえば木喰の足跡を訪ねて行きますと、国家仏教と違う、親鸞聖人につながっていくような非常に深い、庶民の心の中の信仰心というのがやっぱりあるんです。

五木　それはあるでしょう。たとえば修験道《しゅげんどう》なんかもそうです。修験者《しゅげんしゃ》とか山伏《やまぶし》とかという人たちが、笈《おい》を背負って里に下りてきて、村人に加持祈禱《かじきとう》をしたり、薬を売ったりしたのは、そこには宗教に民衆的な要素があったからですね。

その中でやっぱり親鸞が開いてきた道というのは、これは大事なことなんだけれど、念仏はその当時として、いわゆるメジャーな勢力だったとは思えないんです。

親鸞が実際に亡《な》くなったときですら、葬式をしたかどうかわからないけれど、そこに立ち会って野辺《のべ》送りをする人たちの数はごくごく少なかった。これまでの解説では、法然が易行《いぎょう》念仏を唱えて、嵐のように民衆がそこに集《つど》ったという書かれ方をしていますけれど、やっぱり当時の全国的な規模から考えると、過熱した状況ではあったと思いますけれども、念仏のひろがりは大多数ではないですね。

親鸞は「宿業」をいかにとらえたか

五木　ここで話を元に戻しますが、「宿業《しゅくごう》」という言葉です。これはよくテレビの番組なんかであなたのご先祖の先祖霊がこういうことがあったから供養しなければいけないとか、いろいろそういう話が出てくるでしょう。けっこう広く日本人は、いわゆるカルト的な信仰というか、そういうものに対して、つよい関心を持っているんです。その中で宿業という言葉を、霊の世界ではなくて、どう解釈するか。

たとえば二〇〇八年に起きた秋葉原の無差別殺人のように、群衆にトラックで突っ込み、逃げる人を刺したような人間は、その人間の心が悪《あ》しきがゆえにそういう犯罪をなしたのではなく、その人間が前世から背負った宿業のためになしたということになると、もしもその言葉を一〇〇%受け取った人は、裁判員制度で裁判に出たときに、絶対に死刑という刑は下せなくなります。本人に罪はないということですから。

立松　そうですね。『歎異抄』の論理からいえば……。

五木　そうなりますよね。極端にいえば麻原彰晃《あさはらしょうこう》はどうなんだという話になる。そうすると、ちゃんと自分の罪悪というものを自覚して、その罪を心から後悔し、そして阿弥陀如来に帰依《きえ》する心を持った人なら救われるというふうになってしまうと、なにか選択的になって、ちょっと迫力がなくなる。つまり無差別救済というところに悪人正機のショックがあるんですから。

「本願ぼこり」もそうです。「本願ぼこり」という言葉は専門用語だから一般の人にはわかりにくいだろうけれど、要するに自分は念仏者であり、阿弥陀如来の誓願《せいがん》によって生かされている人間だから、もう何をしてもいいんだ、大丈夫なんだ、ということで、さまざまな悪事を堂々と働いて、俺たちは念仏者だと言って自慢する。こういうことを「本願ぼこり」と言います。

これはのちの時代に蓮如《れんにょ》なども、繰り返しそれを戒《いまし》めていますし、法然も親鸞も、しばしば戒めてはいるのですが、それでいて親鸞は、「本願ぼこり」を必ずしも一〇〇％完全否定しているわけじゃないんですね。それは許せないことであると怒っているわけではない。どこか「本願ぼこり」というのも弥陀《みだ》の慈悲に甘えている愚かなる煩悩の子というところで、毛一筋ほどは許している節《ふし》がある。つまり世の中の善悪というのは、簡単に決めてはいけないのだということを言っているのでしょう。

それはそのとおりなんだけれど、じゃあ善悪と決めなくていいかという問題になってくると、たとえば法律などというのは、意味があるのかということになってくる。

立松　『歎異抄』にある「わが心のよくて殺さぬにはあらず」という言葉にしても、それは因縁によるというのであれば、因縁を変えればいいというのが仏教の思想の根本だと思うんです。お釈迦さんの説話にアングリマーラの話があります。あるバラモンの弟子であったアングリマーラは、師の留守中にその奥さんに言い寄られ、それを拒絶すると奥さんは自分の服を引き裂き、アングリマーラに襲われかけたと夫に訴えますね。激怒したバラモンは、アングリマーラに百人殺して、その指を集めて髪飾りをつくることを命じる。殺人鬼となったアングリマーラは、九十九人まで殺したところで、百人目にお釈迦様に出会い、諭《さと》されて改心するという話です。

その後のアングリマーラは、お釈迦さんのサンガ、集団に入って頭を丸め、托鉢《たくはつ》に出る。

当然、犠牲者の家族や市民から、ひどい迫害を受けるわけですが、彼はこれも自分の行なったことに対する報《むく》いだと考えてそれに耐え、ついには悟りを得た。つまり、アングリマーラはよき修行をすることで悪しき因縁を消し、よいお坊さんになりましたということになるんだけれども、実のところ、僕には納得いかないんです。そう簡単なものでもないですよね。

五木　それをいうと『歎異抄』についても、読めば読むほど湧き上がってくる疑問がいろいろあります。それに対していまだかつて納得のいく説明を本で読んだことがないし、聞いたこともない。だけど、はたして納得のいく説明というのが出てくるものなのでしょうか。「不合理ゆえにわれ信ず」という言葉を前に出しましたが、なるほどというような説明をされたときに、もうその説明は意味をなさなくなってしまうような謎が『歎異抄』の中には永遠にあり続けるというところがあります。この宿業というのも、僕はどうしてもよくわからない。自分のやったことが、自分の宿業のせいだと思うのだったら、後悔するということがなくなってしまうんじゃないかと思うし、後ろめたい思いがそれで消えるでしょう。それに「本願ぼこり」は悪人正機にもつながってくる問題ですから。

立松　そうですね。

悪人は、永遠に悪人か

五木　法然の時代には、やっぱり公式には「悪人なおもて往生す」なんです。法然の本音は、そうではないと思われますが。ですから悪人ですら許される。「まして善人なら、当然のこと許される」というのが、まだ世間に向けての公式見解だと僕は思いますね。親鸞になると、そこから逆転して、悪人正機といわれる発想が正面に出てくるわけです。

立松　悪人というのは永遠に悪人なんでしょうか。

五木　この悪人の解釈は、時代によってさまざまに変遷するんです。戦後の、いわゆる進歩主義、社会主義に共感のあった時代には、被差別の人たち、当時の社会的状況の中で最もアウトカーストの状態に置かれて呻吟《しんぎん》していたような貧民こそを指すのだと唱えられた時代もありました。

そうでなくて、いわゆる十悪五逆というか、そういうことを働く人たちという説もある。

それから最近わりと出てきているのは、人間は生きているということだけで、すでにほかの生物を犠牲にしているのだから、存在それ自体が地球環境に対しても悪《あく》たらざるをえないという説です。

立松　食物連鎖はそうできていますからね。

五木　そういうふうに人間が生きているということ自体が、もう悪を背負い込んでいるという、そういう解釈もあります。たしかに、そう考えてみると、善人も悪人もなくなってしまうんです。

つまり『歎異抄』自体は、そんなに簡単に読み解《と》けるものではないという覚悟が必要なんじゃないでしょうか。この悪人正機にしても、宿業にしても、ほかのいろいろな問題にしても、これは簡単に読み解けて解説できるものではなかろうと思うんですよ。書いた著者にしても、そこで伝えられている親鸞の言葉にしても、さまざまに動いている。スイングしていると思います。ですからそれを理路整然と解き明かすことこそ不自然に感じられるのです。解決されたときは死んでしまうのかもしれない。

立松　一番大切なことは、親鸞聖人はそういう言葉をわれわれに残しているということですよ。決して解決法を語っているわけではないんです。それは「南無阿弥陀仏」と言いなさいということ、それでうまく全部が解決できればいいけれども、それで全員が救われるわけではないと思うんですよね。そういう非常に難しいことを唯一言った人かもしれません。それは仏教の矛盾かもしれないし。

五木　それと同時に世の中に生きているわれわれは、無意識のうちに、善悪の判断を簡単に決めてしまっている。世の中の常識とか本質とか、そういうことで物事を決めて行動している。そこで、そんなものじゃないよと言われると、ガツンとショックを受けるわけですね。悪人正機という説に対しても、初めて読んだときにすごく大きな衝撃がありました。

その衝撃度が問題なのであって、衝撃を感じるということは、どこかに何かいいことをした人間は、いい報いを受けるのは当然、悪いことをした人間は、悪い報いを受けるのは当然と頭から信じ込んでいて、そういう社会の目から見た常識の中で生きている自分というものがあって、そこのところに、目がくらむような閃光《せんこう》をぶつけられたということだろうと思うんです。この言葉を論理的に解説して、だからこうすべきだというふうには言えない部分が多々あるような気が、今はする。

よくある説では、宿業というのは、たとえばこの両親のもとに生まれたというのは、その人の変えようのない運命である。その遺伝子というのは自分の努力とか向上心とか、そういうことではどうにもならない問題である。つまり、自分が引き継いだ、あるいは背負ったもの、そういうものを宿業というのであって、その宿業を背負いつつ、どう生きるかが問題であるというようなとらえ方をしています。

それからもう一つは、浄土観に関してもそうなんです。親鸞といいますか、浄土教の核心の考え方に「往還《おうげん》」というものがありますね。往相《おうそう》と還相《げんそう》を略した言い方で、簡単にいうと、一度死んで浄土に往《い》き、仏となってこの世に還《かえ》ってくることです。しかし、親鸞の場合、この浄土に往くというのは、必ずしも生理的にこの世を去ることを言っているのではなくて、それまでの自分をいっぺん全部否定して、新たに生まれ変わる、もう一度生きるのだという考え方ができないでしょうか。

すなわち、死んだあとに浄土に往くのではなくて、生きているうちに浄土を悟る。そして死を待たずして、もういっぺん生き直す。僕は親鸞の言葉を、死んだあとの幸せとか安心とかのために読むつもりはない。そういうことは考えていないのです。いま生きるうえで、いままでの自分がいっぺん死んで、違った人間として生まれ変わる。これが往相《おうそう》、還相《げんそう》ということだと考えています。

たとえば親鸞が「名残《なごり》惜しく思えども娑婆《しゃば》の縁《えん》尽きて力なくして終わるときに彼《か》の土へは参るべきなり」と言っているでしょう。死ぬときは仕方がないが、この世は名残惜しいと言っているんです。浄土に行けると心が躍《おど》るような感じはしないとも。僕は、親鸞はあまり死んだあとのことは考えていないような気がするんですよ。死ぬときまでどう生きるか。この世に生きている間に、いっぺん自らの生を清算して、そして生まれ変わって、そして念仏を信じて生きるという生き方に変わったときに、その人は仏と等しくなるという考え方なんですね。

「地獄は一定《いちじょう》すみかぞかし」

五木　こういうことを言うと、おそらくいろいろな人から批判、攻撃を受けるだろうと思うけれども、法然上人はやっぱり臨終往生説《りんじゅうおうじょう》なんです。念仏者は亡くなったときに浄土に往生する。親鸞は、「地獄は一定《いちじょう》すみかぞかし」で、死後のことは自分にはわからない。生きているうちに人は仏と等しくなるべきだという現世往生説だと思いますね。「仏と同じ」ではなくて、「仏にひとしい」存在となりうる、と。同じではないのです。しかし、ひとしい。自分はすでに仏にひとしいと実感したとき、人は生まれ変わる。新しい自分に。

立松　それはおもしろいですね。

五木　死んだあとのことというのはわからないですから。死んだあとに浄土に行ってもどうってことはなくて、それよりも何よりもやっぱりいま生きている、この暗闇の中で迷いに迷って、悩みに悩んで、もう生きる希望もない、心も体も萎《な》えたという人たちに向かって、いま生きていく光というかエネルギーというか、何かそういうものを彼は語っているような気がするんです。

立松　浄土は現世にあると。

五木　現世のうちにいっぺん死んで、人はよみがえるのだ。新しい生を念仏によって得るのだと、こういう考え方が基盤になっているような気がするんですね。ですから往相、還相というのは、いっぺん死んで浄土に往《い》って、そこで仏になって還《かえ》ってくるのではなく、この世で新しい人間として生まれ直すことだ、と。

親鸞は二十九歳で比叡山を下りたときにいっぺん死んだと思ったに違いない。自分はここでもう死んだ。そして新しく法然門下に加わって念仏行という新しい人生に戻ってきた。親鸞の思想というものの真のおもしろさは、死後を語っているのではないことじゃないでしょうか。

立松　それはおもしろい考えですね。

五木　ただ、こんなことを言ったら、ものすごく非難攻撃の的《まと》になると思いますけど。

立松　しかし、死後に幸せが来るよという言い方では、いまは誰も納得しないですよ。

五木　現実の問題として親鸞の教えを受けて、その教えに生きた人々は、言語に絶するような、もう死んだほうがいいと思うような苦しい暮らしの中でも、何とか希望を持って生きることができたと思います。

立松　その時代は、ですね。

五木　それが大事だと思うんです。そう思うとやっぱり勝手に解釈するのは失礼だけれども、親鸞が言っている「地獄は一定すみかぞかし」というのは、俺は必ず地獄に行くと決めているんだと言っているんではなくて、死んだあとのことはわからないよと言っているんだと思います。

立松　「およびがたき身なれば、地獄は一定すみかぞかし」ですよね。

五木　死んだあとのことはわからない、だけど生きている間は、たとえ法然上人にだまされても、自分は後悔しない、自分は念仏して救われると決めたんだ、そして自分は新しく生まれ変わったんだと。

それでなぜ念仏するか。念仏には「一念義《いちねんぎ》」といって、一回念仏すればそれでいいんだという説があるんです。また一方に「多念義《たねんぎ》」がある。法然自身は一回でも人は確かに弥陀《みだ》の救いを得るのだ、だけど回数を多く唱《とな》えるのも大事なんだという言い方をしています。それはいっぺん決意して念仏したとしても、人の心というのは迷いやすく、そして変わりやすいもので、昨日はこうだったけれど本当にそうかな、とかしょっちゅう迷ったりする。その心を励ます意味で、繰り返し、繰り返し念仏を唱える。本来、真宗の言い方をすれば、「阿弥陀如来より賜《たまわ》った念仏」だから、それに応《こた》えてありがとうございますと言っているのだと。だから念仏は一回だけでもいいんだけれども、多く念仏しても一向に差し支えない。むしろそういうふうに自分を励まし、励まし、迷いから覚めながら念仏を続けていくことこそ大事だという考え方になっていくんでしょうね。

僕はやっぱり親鸞聖人は、人は死後、浄土に往生するという考え方はしなかったと思うんです。

立松　大切なことですよね。ただ、こういうことは言えませんか。道元禅師の聞き書きをまとめた『随聞記《ずいもんき》』の中に「百尺《ひやくしやく》の竿頭《かんとう》にありて、なお一歩進めよ」という言葉がありま す。百尺の竿《さお》の先に取りついていて、もうここまでだと思って、一歩も動けない、でもじっとしていないで、なお一歩進めよ、その先に行きなさいと。

僕は数年前に、ここの解釈は、まだまだ努力すれば進める、その余地があるんだということだと思っていました。だから、もっと努力せよという教えだと思っていた。ところが最近は、それは考え方として全然間違いだと思いいたりました。先はないんですよ。先はないんだけれど、なお一歩進めよと道元は言っていると、僕はいま思っているんです。

つまり仏の家に身を投げろということですよ。この瞬間になると自力《じりき》も他力《たりき》もないわけです。死というものは、はっきり言ってわからない。われわれ生あるもの、いま生きている生きとし生けるものすべてにとって、この時代にあるものは、死はわからない。わからない人間が語っても、よくわからないことを話しているにすぎないわけだから、思い切って身を投げなさいというふうに道元禅師は言っているのだと、僕は解釈しているのです。

五木　そうでしょうね。極楽浄土、阿弥陀如来というけれど、ある意味ではフィクションですからね。目に見えない、現実に誰も行っていない、確認していない世界に身を投じるわけだから、それはもう本当に百尺の竿頭を、さらに一歩進めよというのと似ていますよね。

立松　似ています。この言葉は、たとえば親鸞という人と道元を結びつける、そこで出会っているなという感じが僕にはあるんです。それは何百年ものちのわれわれが思うことですけれども、やっぱり仏教というものは、そういう出会いみたいな、究極的な死を前にして考えることというのは、結局仏さんに任せなさいと言うしかないと僕は思うんです。

五木　でも、任せるような気持ちになるのも、その人の業縁《ごうえん》であるとか、そうなってくると摩訶《まか》不思議の世界になってしまう。

立松　そうですけれど、とにかくギリギリまでは明晰《めいせき》でいたいわけですよ。だけど死の瞬間というのはわからないんじゃないですか。

五木　それはわからないですよ。それについて具体的にいろいろなことを語らないというのも大事なことなんです。エンタテインメントとして死後の世界を語ることはあっても、浄土というのもやっぱり死後の世界ですからね。ただ人々の中にイメージとして、たとえば自分はこういうことをしている、今日はこういうことをした、地獄に落ちるんじゃないかと恐怖にうなされたりする人が、かつてはいっぱいいたんでしょう。

いまは地獄に落ちるといって恐怖を感じている人というのは、じつは非常に少ないんじゃないか。生きている地獄のほうが、たとえば後期高齢者の最後に行き着く先というのを見ていると、もう本当にベッドに縛り付けられて、チューブだらけで延命処置をほどこされる。あれは見ていると地獄です。

だから地獄はこの世にあると僕は思うんです。

立松　この世には極楽もある。浄土もある（笑）。

第四章　親鸞と道元は、何が新しかったのか

隠遁《いんとん》するということ——山を下りる、世間から離れる

五木　道元禅師や親鸞聖人が生きた平安末期から鎌倉期にかけてというのは、たとえば恵《え》心僧都源信《しんそうずげんしん》の『往生要集《おうじょうようしゅう》』以来、地獄、極楽というイメージが大衆の間に広がっていって、欣求浄土《ごんぐじょうど》、厭離穢土《おんりえど》といって、この世を厭《いと》うて浄土に憧れるという気運が、貴族社会から庶民、はては非人《ひにん》の間にまで充満していた時代です。そうすると、やっぱり終末思想というか末法《まっぽう》思想の気分がでてくる。まさに末法の世だなあ、ということになってきます。

なぜいま多くの人が、エコが叫ばれる時代であるにもかかわらずマイカーに乗るかというと、一つはやはり時代の閉塞《へいそく》感があると思いますね。車に一発エンジンをかけると、東北でも北海道でも九州でも、座っていればこのまま目的地に行ける車というのは、一種の自由のシンボルなんです。ですからやたら人が走り回るというのは、いま閉塞感が非常に深まっているということの象徴じゃないかと思いますね。

さらに、この時代でもう一つ特徴的なことは、やっぱり遊行《ゆぎょう》ですよね。律令制の国家の中では、為政者は人間の移動というものを、好ましくないものとして、できるだけ禁じていた

はずなんです。その中で自由に往《ゆ》き来《き》できるというのは、道々輩《みちみちのともがら》とか、行商人とか、聖《ひじり》と呼ばれる僧侶たちとか、そういう人たちが日本中を盛んに遊行して、つまり動き回っては情報と物資の伝達に携《たずさ》わっていた。

それからもう一つが寺社詣《じしやもうで》で、これは天皇とか上皇自ら熊野詣《くまのもうで》のようなものを年中行なっていたわけだし、そのようにして社会が攪拌《かくはん》されていった。そうした中で、一つの大きなお寺に属して、そこで宗教官僚としての役割を、たとえば東大寺の権僧正《ごんのそうじよう》、僧正、僧都《そうず》という官職に就《つ》きながら、果たしていく人たちがいた。そのほかに、いわゆる願人《がんにん》坊主というのがいた。願人というのは勧進《かんじん》でもあるわけだから、勧進を勧めて歩く人で、勧進聖のこと。私ども九州のほうで、田舎では、「おどま勧進、勧進」といって、乞食《こつじき》というのを「かんじん」と振り仮名振って読んでいましたから、乞食が来ると「あ、勧進が来た」と言っていました。彼らは喜捨を求めているわけです。

そういうふうに考えてみると、宗教者というのは、ブッダ以来、ものの生産には携わらず、布施《ふせ》によって生きてきた。そしてあちこち動き回って定住しないということが、仏教の原初的な本道に非常に近いような気もするんです。そういうものが生まれてきたのが、平安の中期から鎌倉時代にかけてです。

また、この時代は『方丈記《ほうじょうき》』の鴨長明《かものちょうめい》のように、隠遁《いんとん》ということが盛んになりました。隠遁ということは、普通考えると、現実社会をリタイアしてご隠居になることをいいます。あるいは世を逃れて、山林に住んでいろいろ考えたり、歌を詠《よ》んだりするように考えられがちなんですが、その当時、隠遁というのは時代の流行語だった。それで隠遁僧というのは、ある意味で憧れの的《まと》だったんです。

「隠遁者にあらねば名僧にあらず」という時代

五木　ところで現代でも、その前は学校に入って、そこでコツコツ勉強してきちんと卒業する人が圧倒的に大事にされ、尊敬されてもいたわけだけれど、一九六〇年代の文壇には、とくに早稲田の文科系では中退にあらねば人にあらずという雰囲気があった(笑)。

立松　僕は五年かかって卒業したけれど、僕らの仲間はみんな除籍です。でもいまになると、僕の友人には医者っていうのが多いんですよ。どこかの医学部に入りなおして勉強したというのが。

五木　ちょっと話はずれますけど、僕は抹籍なんですよ。よく除籍と間違える人がいるけど、除籍は処分でしょう。抹籍は申し出て籍を抜く事務的な手続きなんです。それで、もう二十何年ぐらいたって、総長から校友会のメンバーになってくれと言われた。それで「いや、僕は抹籍ですから、校友会なんか入る資格はありません」と言ったんです。「どうしてですか」と聞くから、「いや、三年間の授業料の未納で、抹籍というかたちになっています」と言ったら、「いまだったら払えるでしょう」って。「そりゃ、払おうと思ったら払えますけど」「払ってください」ということで、請求書がきたから十何万か払った。そうしたら正式の中退にしてくれた（笑）。

みんな間違っているけれど、中退というのは資格なんです。ですから国勢調査とか、そういう公式なところで、中退ではなくて、学校に行かなくなった、放ったらかしにしてやめちゃったという人が中退と書くと偽造になる（笑）。僕は二十何年たって、正式に中退となった（笑）。僕は龍谷《りゅうこく》大学に聴講生で入るときには、まだ中退の資格がなかったから、高校卒業のときの成績証明書を出させられました。みんな簡単に中退、中退って言っていますけれど、正式に中退の資格を持っていない人はいっぱいいるんです（笑）。

中退というのは、正式にそれまでの修了した単位数なんかも考慮しながら、この人は中退であると、学校が証明してくれたものなのです。

立松　なるほど。そうすると、道元禅師と親鸞聖人は中退じゃなくて抹籍ですかね。

五木　いや、隠遁というのはある意味では中退で、普通の社会人が世を厭《いと》うて隠居するのではなくて、当時の仏教官僚、仏教公務員という世界からあえて逸脱して、約束された地位とか名誉とかをみずから捨て去ることを意味したわけですね。当時の高級僧侶は本寺を退《ひ》いたあと国分寺やお寺などに天下りまでできたわけです。そうした仏教官僚システムから飛び出して、あらゆる特典まで全部捨ててしまって求道に生きていこうとする人たちを、隠遁僧といった。

そしてすぐれた隠遁僧というのがどんどん出てきたものだから、世間でも隠遁というのは、脱落者というよりも、一つの、エリートの反対のエリートとみなしていたのです。ですからいま、隠遁というと、何か現実からの逃避のように思われているけれど、平安末期から鎌倉期にかけての隠遁僧というのは、ある意味で選ばれし人でもあったし、積極的な運動でもあったということを忘れないようにしないといけない。日蓮、法然、道元、栄西、親鸞が全部、途中で比叡山を下りたということで、何かただドロップアウトしたみたいに見えがちですけど、そうではありません。

比叡山の中には黒谷《くろだに》などの別所《べっしょ》というところがあった。比叡山の中にはたくさんのお堂とか院があるわけですが、公《おおやけ》の仏教儀式に参加せず、ひっそりと勉学一筋に打ち込んで、叡山の中での出世機構とか官僚的システムから自らはずれた人々の集まる地域が、別所としてあったわけです。比叡山の別所は黒谷で、法然はまずそこに行く。

それとは別に、また大原《おおはら》の別所とか何の別所とかというのがあって、そこではそういう人たちが、自分たちで群《むれ》をつくった。その人たちは宗教官僚システムからはドロップアウトしたわけです。給料をもらえないわけですから、生活は自分たちで賄《まかな》わなければいけない。それで結局、托鉢《たくはつ》をするとか、加持祈禱《かじきとう》のようなことをやるとか、いろいろなかたちで民間の人たちの布施を受けることによって生活を支えた。

立松　私にも経験がありますが、かつてはインド、あるいはネパールとか、そういう国々のYMCAあたりがヒッピーのたまり場になって、歌を歌ったりマリファナを吸ったりしていましたね。別所の人たちは、そんな感じで隠遁して、野《や》に下った聖です。この聖たち同士の集まりの中で、お互い切磋琢磨《せっさたくま》したり、生活を支えたりするという状態だったわけです。

五木　構造的に考えると、東大寺、興福寺《こうふくじ》、高野山、それからその他の官寺《かんじ》というのがあって、それから比叡山のようなものすごく巨大なシステムがあって、これはこれで健在なのです。しかも奈良の大寺にしても比叡山にしても、たくさんの荘園を持ち、経済力を持ち、それからさまざまな権利を持っていた。

そこでは神人《じにん》という社家に仕《つか》えて雑役《ざつえき》に従事した下級の神職の人たちがいて、そこには当時、卑賤《ひせん》視された人々も多く含まれていたわけですが、そうした人たちが塩や灯心《とうしん》の専売をするとか、弓の弦《つる》を作るとかしていたんですね。その人たちに対して一種の専売権を保証することでもって、大寺院は権利金を取っていました。

たとえば、高野聖《こうやひじり》というのは、正式には高野山の許しを受けて勧進している聖たちです。高野山のほうから認められて、その証紙を持った聖もいましたが、一方では、自分で勝手に高野聖と称して、山伏《やまぶし》のような格好をして、背中に何か背負って、それで寄付を集めたり加持祈禱をしたりする聖もすごく多かったわけです。

だから正式の聖というのもいたわけだし、正式でないのもいた。そして正式な聖たちというのは、上がりの何十%は自分で取れるという決まりがあったんです。おそらく正直に申告はしていないと思うけれど、高野山の何々院を再建するために、ぜひご寄進をお願いしますと、ただの乞食の立場ではなくて大義名分をもって布施を集める。それで集まってきたお金の一部は、ちゃんと本社のほうへ戻しているはずです。それで何%は取ってよいというのがあったし、中には全部自分の懐《ふところ》に入れてしまうような聖もいっぱいいただろうと思います。

鎌倉新仏教をつくった人たちがやりたかったこととは

五木　そういった聖《ひじり》というのは、南都《なんと》北嶺《ほくれい》（奈良の大寺と比叡山）の大寺院の名を背負い、弘法大師とか伝教《でんぎょう》大師の威光を背負った存在として、尊敬され、信頼を受けていたと同時に、ある場合は蔑視《べっし》の対象でもありました。聖に対する感覚には、聖視と蔑視と両方あったということなんです。

古代から中世においては、娼婦《しょうふ》というのはある意味では卑賤《ひせん》な、被差別の民であると同時に、一種の神託のようなものを伝える聖なる存在でもあった。聖と賤と両方を背負った存在として、祭りのときなどには、その人たちが神女《しんにょ》をつとめたりもするわけです。

聖も片方では聖といわれ、片方では勧進といわれて乞食坊主としてあつかわれる。聖なる者としての、ある意味での畏怖《いふ》の念があり、それから一方では蔑視の対象でもあったというふうに、全部二重構造があったということに注目しておかなければいけないと思います。そういう時代背景があったのです。

その中で、とりあえずポピュラーなスターといえば、法然、親鸞、日蓮、道元、栄西です。しかし、こういう人たちが、その当時、ものすごい勢いで燎原《りょうげん》の火のように人々の人気を集めて、南都北嶺を圧倒していたかというと、必ずしもそうではない。

立松　いま民主党がものすごい勢いで新しい政治を作るとかと言っているけれど、それでも官僚制度というのは岩のように動かないもので、明治以来の強固なものがあります。それと同じで、南都北嶺というのも、その当時であっても、けっして風前の灯《ともしび》ではなかったということですね。

五木　南都北嶺の中にも、国家鎮護、宮廷護持、権門隆盛という、そんなことばかりに仕えているようなことではだめだ、という動きはあった。大乗仏教ですから、やっぱり多くの人々、すべての人々を救う民衆救済のために働かなければという動きは、宗門内部の中からも常に出てきていたんです。そういう僧たちも少なからずいた。

鎌倉新仏教というものが、平安末期から鎌倉期にかけて、時代の大転換期に一瞬にして旧仏教に取って代わったような言い方をされた時代があったんですが、いまの新しい研究では、それは違うというふうに言われています。たしかにそういう新しい動きはあって、それが気分的にも非常に大きな人気を集めたことは事実ですが、全体の構造からいえば、やはり南都北嶺がガシッと国家権力と民衆の中にその位置を占めていて、そこに新しい渦巻きが起こって、あちこちに火の手が上がったということではないか。

親鸞にしても、その他の人たちにしても、けっしてその時代のリーダー的な大きな存在ではなかったというのが現実なんでしょうね。だけど彼らがそこで蒔《ま》いた種《たね》というか残した火種は中世に至って、ジワジワと広がっていって、大きく発展していったということだろうと思います。道元も親鸞も種を蒔いた人たちであって、収穫した人たちじゃない。

真宗の場合でいえば、収穫したのは蓮如です。蓮如は十五世紀の人ですから、親鸞から二百年たって、親鸞の蒔いた種を収穫して組織し、大教団をつくりあげた。

それからいま、東北から北海道まで、日本の地方に行くと曹洞宗が圧倒的に多いですね。基本的なことを聞きますけれど、道元が曹洞宗の宗祖ということになるわけですね。

立松　少なくとも、日本の曹洞宗についてはそうですね。ただ曹洞禅というものの系譜は、もともと中国にあるんですよね。道元の師は如浄《にょじょう》ですが、大本の祖師は洞山良价《とうざんりょうかい》という人です。

五木　たとえば中国にも浄土教の系譜というのがあって、曇鸞《どんらん》とか善導《ぜんどう》とかがいた。それが日本に伝わって日本の浄土教の始祖は、法然ということになっていますが、曹洞宗も、それと同様に中国に法脈が流れていたわけですね。

中国から何も持ち帰らなかった道元のすごさ

立松　禅にもいろいろな流派がありまして、本当に複雑なんです。いま日本に伝わっているのは臨済《りんざい》禅と曹洞《そうとう》禅、それと黄檗《おうばく》禅ですが、それ以外にも別の流れがたくさんあります。ただ、如浄から曹洞禅を正しく伝えられたのは道元だけなんですね。如浄はあと何人かの中国僧に嗣法《しほう》したようですが、ただ、それを法脈として受け継ぎ、それを今日まで保っているというのは、まさに道元禅師一人ですから。

日本に伝わった禅の流派の中で、臨済宗というのには、師から出される「公案《こうあん》」という課題を、弟子が一生懸命考えて答を師のところへ持っていく。そこで師との間で交《か》わされるのが、禅問答というわけです。つまり臨済の家風というのは、悟りの境地にいたるための道順が、システム化されたところがあります。なかなかそこまでたどりつかないんだけれど、ともかく順をたどっていけば、やがては到達できるというカリキュラムが整備されているわけです。もちろん普段から坐禅はするんだけれど、それが臨済禅です。

ところが曹洞禅の場合、道元が言い出したのは「只管打坐《しかんたざ》」です。これは如浄から受けついだものですが、如浄というのはとにかく、肉体派、体験派ですね。臨済のように禅問答をしながら禅の奥義を極《きわ》めていくというやり方は、どちらかというと知的ですよね。それに比べると曹洞禅のほうは、一見乱暴に見えます。でもそこにカリキュラムがないわけではないんです。ただ、それが誰でもわかるものでもない。

ですから曹洞禅は、中世以後、総持寺《そうじじ》派と永平寺《えいへいじ》派と二つの流れに分かれましたが、臨済禅のほうは本当に何派にも分かれていっていますね。臨済禅を日本に伝えたのは、栄西です。

五木　栄西は日本にお茶をもたらしたことになっていますね。

立松　そういう伝承がありますね。でも、一方で道元は何も持ってこなかった。

五木　徒手空拳《としゆくうけん》で戻ってきたわけですか。

立松　そうです。「あなたはあんなに苦労して中国に行って、何を日本にもたらしたのか」とある人が聞いたら、「眼横鼻直《がんのうびちよく》」と答えたといいますよ。目が横に、鼻は縦についていることを学んできたと言ったんです。

それで「何だ、そんなことを学んできたのか」と言ったら、笑う人も眼横鼻直、道元も眼横鼻直、全員眼横鼻直じゃないですか。要するに当たり前のことを当たり前に学んできたんだという、そういう思いが道元には強くあったようですね。

五木　要するにそれまでの中国へ行った留学僧というのは、教えと同時に物を持ってくることが非常に大事な仕事だったわけですね。経典とか、さまざまな儀式に使う仏具とか。空海とか最澄などは、ものすごく持ち帰ってきてますね。

立松　空海の持ち帰り文物《ぶんぶつ》のリストである『請来目録《しようらい》』は、ものすごいですよ。

五木　当時は、朝廷もその一員ですが、中国へ留学するっていうときに、スポンサーがつくんですね。そのスポンサーがお金を出して、そのかわり向こうから持ってくる文物に期待しているわけだから、それを持ってくるのが留学生の一つのつとめでもあったんでしょう。

立松 遣唐使の人たちは、もう現地で買いあさって買いあさって。

五木 中国でそう聞きました。

立松 何でも、とにかく買って持ち帰ってくる。

五木 未知の世界へ行って、多くの文物を請来《しょうらい》する、持って帰ってくるということが留学生の条件だった。そこにいくと、道元というのは、それをしなかっただけでも画期的だと思いますね。自分で見たもの、考えたこと、教わったことだけを持って帰ってきたということで、それはすごいことだと思います。

立松 それは如浄という曹洞禅の正統の流れをくむ師について、その真髄に触れてしまったからだと思います。物質の中には何もないという考え方です。やっぱり禅の世界にはそういうものがあるんですね。

五木 禅の世界にはたしかにそういうものがある。広州のあるお寺に行ったときに、六祖《ろくそ》

S H O D E N S H A
S H I N S H O

祥伝社新書

慧能《えのう》でしたかね、二人の僧が議論している。そこの寺に立っている幡《ばん》という、吹き流しのようなものがバーッと風になびいている。二人があれは幡が動いているのか、風が動いているのかということを大激論しているところにフラッと現われた慧能が、「両方とも違う。あなた方の心が動いているんだ」と言ったという話が『無門関《むもんかん》』の二十九にありますね。

禅問答って、先ほどの、目は横に、鼻は縦にという話にしても、言われてみると、そうかとも思うけれど、よくわかったような、わからないようなところがあるでしょう。実際、世間では一般に禅問答というと、わけのわからない問答の代名詞のように言われることもある。本当はそうではないんだろうけれど、あれは、つまり字とか論理とかにできないようなことを、直感的に伝えるという意味なんですか？

立松　禅は不立文字《ふりゆうもんじ》だから、経典よりは直感ですかね。そういうものの中に仏法は宿るとしたわけですよ。だから、もちろん根本経典はありますよ。道元が『正法眼蔵』の中で一番引用したりしているのは『法華経』です。『法華経』が一番の根本経典だろうとは思うんですけれど、でもそれだけに染まっているわけでもないんですね。

五木　やっぱり僕は、道元の中にきちんと入り込んでいる比叡山の伝統の一つの基礎が『法華経』なんだと思いますね。比叡山は「朝、題目に、夕、念仏」といって、法華と浄土と両方やっていた。朝、「南無妙法蓮華経」と言い、夜は「南無阿弥陀仏」と唱える。こういうふうに両方をやっていた。

立松　道元は亡くなるとき、最晩年ですけれど、体が本当に悪くなって、無理して永平寺から自分のふるさとの京都に戻るんです。そこで俗弟子の一人である覚念《かくねん》の屋敷で亡くなったというんですが、実はよくわかっていない。小説ではそう書きましたけれど、説はいくつもあるんです。

そこで覚念の屋敷の中の自分の部屋を「妙法蓮華経庵」と名づけた。ですから道元も、最後の最後に、『法華経』を唱えながら亡くなったんです。

五木　たとえば、『法華経』の思想の一つの本覚《ほんがく》思想ともつながるのですが、悉有仏性《しつうぶっしょう》、すべての人に仏性ありという考え方ですよね。それは当然のことながら道元の中にもあったと思います。それからこれは前にも述べましたが、道元が山を下りた原因の一つは、すべての人に仏性があるんだったら、自《おの》ずからそれが輝き出すはずで、ならばこんな修行を何でしなければいけないかという疑問を持ったからだ、ということでした。

立松　そうです。それを「本来本法性《ほんらいほんぽっしょう》、天然自性身《てんねんじしょうしん》」というんです。天台本覚思想ですね。

五木　ある意味でいうと、親鸞の思想の中にも法然の思想の中にも、やっぱり本覚思想の影響というのはあると思います。それは何かというと、やっぱり人は皆、救われる、浄土があるんだという考え方なんです。悪人正機っていうのも、言葉を変えていえば悉皆成仏《しっかいじょうぶつ》ということなのかもしれません。

植物にも心はあるか？　悉皆成仏《しっかいじょうぶつ》ということ

立松　それはもしかすると、大乗仏教の根本的な精神じゃないですかね。すべてのものを救わなければ自分も救われない、という考えです。宮沢賢治がそういうことをよく言っています。彼はそれを『法華経』から導き出してきたのですが、でもそれは『法華経』の専売特許じゃないですよ。大乗仏教というのは、それこそ人間ばかりではなくて「草木国土悉皆《そうもくこくどしっかい》成仏《じょうぶつ》」ですから。つまり、草木も、国土の土もです。土に心があるのかないのかといったら、ないでしょう。でもそういうものにまで仏性があって、救われていくという思想なんです。

五木　草や木や猫や牛にまで心はあるかというと、やっぱりそれは命というようなかたちがある以上、何かあるような気がするんですよ。

立松　犬や猫ならわかるんですけれど、草に心があるでしょうか。

五木　僕はあると感じます。たとえば、生きていこうとする動きというか。

立松　そうですね。

五木　アスファルトの裂け目から、高速道路の中でも必死で伸びているいろいろなつる草とか、咲いている花を見ると、そう感じるんです。よく「根性ダイコン」なんて言うじゃないですか（笑）。石垣の割れ目から出てくるそんな植物を見ていると、やっぱり生命の必死な営《いとな》みを感じないではいられません。あれは光を求めて伸びていくわけだから。

立松　そうでしょうね。それは心でしょうね。

五木　心というか、意思というか、魂《たましい》というか。

立松　そうですね。

五木　生命力かな。そういう言い方で、つまり理性とか知性とかが存在しないところに心はないんだという見方をしてしまうと、たとえば人間の中でも、人間らしい人間と、人間とはいえないような人間という分け方になってしまいます。

立松　それはそうですね。天台思想というのは、大乗仏教の王道を行っているような気がします。大乗仏教は、とにかくすべてのものを救って救って、それでも救いきれないものを救い続けるというのが根本的な教えだと思うんです。

たとえば大乗仏教の根本の思想というのは、「上求菩提《じようぐぼだい》、下化衆生《げけしゆじよう》」ですよね。上求菩提というのは上のほうの悟りに向かって自分が修行を続けていくこと、下化衆生は下に向かって法を説くということです。やっぱりそれが大乗仏教の根本的な姿勢というのか、理想だと思うんです。

五木　私たちは道元と親鸞を一つのてこにして、宗教とか仏教とか全般に関しての感想を語っていけばいいと思っているんですが、大乗仏教ははたして仏教かという疑問が世の中にはあります。大乗仏教は仏教でないという見方をする人さえもいるんです。いわゆる上座部《じょうざぶ》仏教のように、戒律を保って、出家者という特別の人たちだけが救われるのが本来の仏教だという考え方は、オーソドックスなブッダ以来の仏教思想の中にあると思います。

つまり出家して一切労働をせず、戒律を厳しく守って生きている人間だけが救われる。仏になるのはそういう人たちだけである。在家の人たち、それができない人々は、布施《ふせ》をすることによって、いくぶんその人たちの余光《よこう》をいただくというか、その人たちのおかげを分け与えられる。だが完全に成仏するというか救われるのは出家者のみである。これは仏教の常識のような気がするんですけれどね。

立松　でも、上座部仏教の中から、それではいかんという人たちがたくさん現われたわけでしょう。

五木　そう。救われる人と救われない人、エリートとエリートじゃない人に分けてしまうのはおかしいのではないかということです。つまり仏教の教えというのは、むしろ救われない人を救うということじゃないか。だから法然、親鸞の悪人正機《あくにんしょうき》というのは、そこにまっすぐ連《つら》なっているわけです。

でも依然として、そういう上座部仏教といわれる長老派の仏教の思想というのは、確固としてあるようですね。特にタイとかスリランカとか、ああいう南方に伝わっている仏教などでは、とにかく仏教者は黄色い服か何かを着て、その人たちをみんなは非常に尊敬する。その人たちは仏に等しいわけです。自分たちは在家で、在家はけっしてそういう聖なる者にはなれない。だけど聖なる人々の衣《ころも》の袖《そで》に触れることによって、自分もいくぶんかが聖化されるという思いがあるのでしょう。

在家と出家――在家に徹《てっ》した親鸞の冒険

立松　先月、ラオスに行きました。名もない貧しい村なんですけれども、学校を建ててるボランティアの人たちと一緒に行ったんです。その村で僕らはある意味で特別の場所にいるし、いろいろ客観的に見られる場所にいるわけです。朝になると村人たちとお寺に行きました。村の人たちは貧しい小屋のようなところに住んでいますけれど、村の真ん中に立派なお寺があります。

そこに行くと、自分たちは食べるものが足りないと言っていた人が米を持ってくるんですよ。自分が救われるために、少しでもお坊さんの徳《とく》のお裾《すそ》分《わ》けをもらおうという気持ちがあるわけです。

二〇〇四年末のスマトラ沖の大地震でスリランカに津波がきたとき、住民はみなお寺に走ったそうです。そのときにお坊さんたちが何をやったかというと、とにかく来る者は全部受け入れた。お寺の米櫃《こめびつ》は、たちまち空っぽになって、坊さんたちがお米を買い出しに行った。そのためには、それこそ仏像を売ったりということまでしたといいます。もっとも仏像が売れたかどうかはわかりませんが。

それこそ「上求菩提、下化衆生」ですね。これはいちおう大乗仏教の理想ということになっています。お坊さんたちは、布施はもらうけれど、自分たちも布施はする。そんな感じがいつでもあって、精神的な危機管理みたいなものが徹底してあるわけです。お坊さんはけっして権力的な場所にふんぞり返っているわけではない。

五木　これはちょっと意見の違うところだけれど、先ほど私が言った出家仏教というものは、出家の人たちは権力へ近づかず、お金とか経済的要因に左右されず、すべてを捨てて、貧しい質素な生活をしながら自分の悟りを求める人々です。だからけっして世俗的ではない。むしろ世間から隔絶する傾向がある。しかし、市民生活から離れ切るわけではない。

それで一般の人たちは、自分たちの貧しい生活の中から、これは本願寺の門徒《もんと》さんなどもそうだけれども、飢饉《ききん》や凶作のときであっても、わずかな一握りのアワとかヒエとかをみんなが持ち寄って本山に寄贈するというような歴史があります。その人たちは、それによって心の救済を受けられるんです。逆に言うと、自分たちと違う聖なる存在だからこそ尊敬し、その人に合掌する。

僕は、それはそれで一つあると思うんです。そういうものの中で、たとえば親鸞という人は、聖徳太子にすごく憧れたり尊敬したりするわけです。僕はよくわからなかったんだけれど、親鸞はやっぱり在家仏教というものを確立した最初の人であったわけですね。

立松　徹底して在家主義でしたね。

五木　ちゃんと家庭も持ち、結婚もし、いろいろな日常生活や職業を持ちつつも、仏教というものに帰依《きえ》した。一方、小乗仏教では、出家者は聖なる存在です。だからこそ普通の人たちは、その聖なる存在に対して尊敬の目を注《そそ》いで大事にする。

いま、日本のお坊さんたちと道で出会っても、誰も拝んだりしないでしょう。それはやはり、そういう特別な存在ではないからなんです。しかし、千日回峰《せんにちかいほう》行《ぎょう》の人が京都の町中に下りてくると、みんな座ってお辞儀するのは、あれはやっぱり自分たちと違う人だからなんです。

千日回峰の中で堂入《どうい》りという行事が途中であって、それは死を覚悟して堂籠《ご》もりする決死の行《ぎょう》ですね。堂入りのときには、みんなが仮の葬式というかたちでその人を送るわけです。そのときはもう生き仏に対するごとくに拝むし、自分たちと一緒ではないというところに、聖性を感じているのではないかと思います。

立松　そのとおりだと思います。

五木　アジアには生き仏信仰というものがあります。自分たちと同じ世界に属しているのではなくて、手の届かないところにある別な存在で、その人の照らす光に自分たちは照らされる。そのために布施《ふせ》をするんだ、という考え方だと思うんです。

いまは宗教界というのが非常に俗化していて、宗教法人が金儲《かねもう》けばかりやっているような感じに見えるんだけれども、それではやっぱり聖なる存在にはなりえない。大乗仏教においては、やっぱり在家に生きていく、俗人とともに生きていく中で、親鸞なんかは御同朋《おんどうぼう》なんです。われわれの兄弟家族であるという感じなんですよ。だから特別の存在ではないのですね。

出家主義で民衆救済を追いつづけた道元

立松　いま聞いていて、ふと言葉が浮かびました。道元が京都南郊の深草《ふかくさ》にあった興聖《こうしょう》寺《じ》に日本達磨《だるま》宗から合流した懐奘《えじょう》が入ってきたときに、修行僧たちに紹介して、こういうことを言うんです。

ここに来た者は、乳水のごとくに和合しなさい。みんな雲を恃《たの》み、水を恃んでここにやってきた。父母は生死の中の恩である。ところがここに入っている者は永遠の道の友である。俗世間からここに来た者は乳水のごとく和合して、覚道しなさい、修行しなさい、という言葉です。

五木 それは親鸞においては、「父母のために念仏をしたことは一度もない」というのとよく似ていますね。それはキリストが、たとえばどこかで説教していたときに、「あなたのお父さんと家族の方が見えました」と言うと、「誰が自分の母か、どこに自分の家族がいるか。ここにいる者が全部自分の家族、兄弟である」と啖呵《たんか》を切るのと似ていますね。

立松 道元の場合は、はっきり言って出家主義だと思います。

五木 後半生はそうなりますね。

立松 出家して、とにかくお寺に入って厳しい修行をする。そういう意味で、かたちにおいては小乗仏教に似ているかもしれない。そして道を伝える。なみなみとした器を弟子の器に伝えて、脈々と、釈迦から達磨を経《へ》て、道元がいて、懐奘《えじよう》がいて、というかたちで伝わってきたという考え方です。

つまり伝えるのが大切なんです。ここで切れたら終わりですから。これは「一箇半箇《いっこはんこ》の接得《せっとく》」で、おもしろいです。一箇半箇ですよ。それだけのごく少数の人間に仏法を伝えるためにどうするかというと、俗を離れ、永平寺のような山の中に入って、厳しい修行をするわけです。そうやって永平寺は続いてきたわけですが、「一箇半箇の接得」ということは、やはり道元の思い描いた世界なんですね。それはもちろん彼が発明したのではなくて、如浄の教えですよね。

五木　それでは道元にとって出家していない人は関心外かというと、まったく逆なところがおもしろい。

立松　「上求菩提、下化衆生」ということなのでしょう。上にいる菩提を求めて、そしてそのことによって人々を、この世を救うというやり方、方法論です。そもそも釈迦の教えというのは、お坊さんは町に住まず、山の中に住まず、ですよね。要するに、托鉢で生きるんだから生産しないし、一日一食で、お昼にはもう食べるのをやめるんです。それで禅には薬《やく》石《せき》という言葉があって、これは何かといえば、石を温めたものです。夜になるとお腹が減るので、それを抱いて寝たという、それが薬石です。

釈迦の仏教というのは戒律が非常に厳しいわけですが、どちらかというとお寺の中の決まりというのは、永平寺に一番残っています。釈迦の教えそのものではないとは思うけれども、多く残っていると思うんですね。そこでは、出家者でなければできないことをやるわけです。それは生死を極《きわ》めるということです。もちろん生死を極めるというのは親鸞の大テーマでもあったわけですが。

その一方で、人々の中でもなく、山の中でもないところ、つまり中間地帯に暮らせというのが釈迦の教えです。町の中に住むと自分自身が俗化されてしまって、つい易《やす》きに流れるから、俗と交わらないように山の中に住む。けれども完全に俗と交わらなければ食が得られない、托鉢ができない。

五木　ブッダを中心とする共同体は、雨安居《うあんご》という間だけ伝道行脚を避けるんです。雨安居というのは雨季を避けて、修行者たちが一カ所に集まって坐ったり、瞑想したり、法を語り合ったりすることです。インドの雨季というのはわれわれが想像するようなものとは全然違うわけですから。

いまでもインドは、インフラそのものが存在しないような地方がいっぱいあるわけですけれど、雨季は道路が決壊する、橋が落ちる、疫病、伝染病が流行する、そして飢餓が広がる、盗賊が横行するという具合で、とても村々に伝道布教なんかをできる時期ではないんです。

ですから、その時期だけ伝道布教をやめて、修行者たちは一種の共同体に集まって、そこで托鉢をし、坐禅をし、修行するわけだけれども、それが祇園精舎《ぎおんしょうじゃ》であり竹林《ちくりん》精舎ですね。僕は祇園精舎と竹林精舎を訪ねてその場所に行ったんですけれど、当時の町はポリス、すなわち都市国家ですから城門の中に囲われているわけです。精舎は城門の内側ではなくて、城門の外なんです。外だけれど、城門のすぐ近くなんです。

立松　おもしろいですね。それは釈迦の教えそのものです。

五木　町と山との間《あわい》というか、町の中にないけれど、町から離れないという場所にある。ヨーロッパでもフランチェスコ派の教会はそうですね。竹林精舎の前なんか、縁日のようなお店がいっぱい出て、すごいにぎわいで、右手のほうには城門の入口があるという位置なんですよ。中国の思想の中には、竹林《ちくりん》の七賢人《しちけんじん》みたいに世間から孤立して、ワラビを取って食べて生きるみたいな生き方、考え方があるでしょう。仏教はそうじゃない。仏教って、やっぱり人間、人の間に生きるというところがある。人に何か語りかけていく、人間が何かを追求するっていうのが仏教だから、俗な人間世界を絶対離れようとしない。そのへんが僕は原点だと思いますね。

立松　聖徳太子《しょうとくたいし》は在家で、お坊さんではない、きわどいところにいたんだと思うんです。それで『三経義疏《さんぎょうぎしょ》』の中の『法華経』の注釈書を読んでいてなるほどと思ったのは、要するに山に入って暮らせということを言う人がいるけれど、どうやってこの仏法を人々に伝えるんだという意味のことが書いてあるのです。

それこそ聖徳太子は政治家ですから、俗のど真ん中にいた人だと思うんです。だけど何か仏法を求めることによって、救われていくようなところが彼にはありますね。

「仏道をならうというは自己をならうなり」

立松　『正法眼蔵』の冒頭にこんな言葉があります。これは有名な言葉で、「仏道をならうというは自己をならうなり、自己をならうというは自己を忘るるなり」ということですよね。要するに仏道をならうことは自己をならうこと、自分をならうことが仏道をならうことであるということで、これはまさに、先ほども話に出た「天然《てんねん》自性身《じしょうしん》」じゃないですか。本覚《ほんがく》思想ですよね。

五木　自分の中には、輝きわたる仏性というものが本当は内蔵されていて、それはいろいろな塵《ちり》とかほこりといったものにまみれて埋もれている。

立松　そういうことですね。ただし、また切り返しがあって、「自己をならうというは自己を忘るるなり」です。

五木　「身心脱落」ですか。

立松　そうです。だから、いろいろとらわれている自分を捨てなさいと。そう言われても簡単にはいかないけれど、言っていることはそういうことですね。ですから「仏道をならうというは自己をならうなり、自己をならうというは自己を忘るるなり」という、この言葉もなかなか深くて、簡単にはわからないんだけれども。

五木　「自己を忘るるなり」という言葉の中に、ある種の他力思想と重なっている部分があるような気がします。

立松　たとえば親鸞の「深信自身《じんしんじしん》」という言葉と合わせて考えられないですか。親鸞は、こう言っています。「一つには決定《けつじょう》して、自身は現にこれ罪悪生死の凡夫《ぼんぶ》、曠劫《こうごう》よりこのかた、つねに没し、つねに流転して、出離《しゅつり》の縁あることなしと深信すべし」(『愚禿鈔《ぐとくしょう》』下の七十五)と。つまり、私自身が罪悪をかかえて生死流転する凡夫であり、過去の世より現在まで、つねに六道《ろくどう》に沈み、つねに流転を繰り返して迷界を脱することができないと深く信じる、ということですね。

五木　やっぱり絶対他力というのは身心脱落みたいなことかもしれない。

立松　いつもそのことを考えていまして、道元の「百尺《ひやくしやく》の竿頭《かんとう》にありて、なお一歩進めよ」という言葉を前にも紹介しましたが、百尺の長い竿《さお》の先にいて、ここより先にはもう行けないものと思って必死でつかまっていますね。それで道元は、「なお一歩進めよ」というわけです。

五木　自分で一歩進めるわけですから、そこは完全な自力なんです。自力なんだけれども、やっぱり自他一如《じたいちによ》っていうところがあるんです。たとえば親鸞は、これは仏教の基本なんだけれども煩悩ということを言うわけです。煩悩というものによってわれわれは、間違った方向へ行ってしまう。しかし、生きている生命力というものは煩悩そのものであるから、その煩悩を完全に消すことは不可能である。そうすると自分でその煩悩を断ち切ろうと努力するよりは、煩悩を抱えたまま、自分をそのような罪深き人間として阿弥陀仏の慈悲にお任せするしかない。仏を信じて、煩悩ある身をそのまま救ってくださる仏というものを信じて念仏する、ということになる。

信じるということは、浄土真宗のほうでは「お任せする、仏を恃む」というふうな言い方をしますが、それでも信じるという行為には、どこかに自力的な感じがしますね。それを自力とせずに、他力、すなわち仏からいただいた信心だと考える。

立松　いまのお話を聞いて、同じ禅の言葉にも、たとえば煩悩《ぼんのう》即菩提《ぼだい》とありますね。悟りの世界に生きるために煩悩がないといけない。誰も煩悩のない人間はいないんだから、そこからやっぱり悟りの世界に入る。煩悩は菩提に入る道だという考え方です。

五木　煩悩は浄土へ至る種《たね》であると言っている。

立松　意識してそういう言葉を探してきたんですけれども、たとえば親鸞は「正信偈《しょうしんげ》」の二十一で「生死すなわち涅槃なりと証知せしむ」と言っているんです。それはまさに親鸞的ですよね。それがやっぱり煩悩即菩提ということだと思うんです。だから煩悩を消すと簡単に言うけれど、できないんですよ。

五木　親鸞は少なくとも体験的に、自分にはできないとわかっていた。それで念仏に帰依《きえ》したあとも、ちょっと風邪をひいたら死ぬんじゃないかというふうに繰り返し心配したりする。自分の煩悩の火というのは永遠に消えないのだなと、自覚するわけです。たとえば真実の自分が発見できたと思ったら、もう翌日にはそれは仮の自分ではなかったかと考えて自省する。タマネギの皮をむくように、それを常に繰り返していなければならない。

立松　わかりやすい言葉で言えば、煩悩を持っているという自分を見失わないことが大切で、煩悩を消すとか消したとかいうのは増上慢《ぞうじょうまん》なんですね。

五木　煩悩を消すのは難しいでしょう。消そうと考えても、また煩悩なんですから。

立松　不可能だからこそ、煩悩即菩提、煩悩を持っている自分が救われるんだ、と。煩悩というのはわれわれの中に血肉のようにあるものですから、それは簡単に消すというおとぎ話ではないので、一歩一歩を生きている人間にとっては不可能なことである。ただ、僕は、道元自身は自分の中で煩悩を本気で消そうと思ったと思います。

五木　ええ。

立松　そういう人は本当に少ないと思いますけれど、釈迦とかはそうですよね。本気で、最終的にここそ道場なりと、死に向かって、太鼓を叩《たた》く。また『法華経』を唱えながら死んでいった人がいる。これは煩悩とは違うでしょうけれども、やっぱりこの場合は、死に対して自分の中である種の解決を図った形跡があるんですね。その心というのは宮沢賢治なんかが最終的に至った心と本当によく似ていると思います。ただ、簡単に煩悩を消すということは、われわれがこの娑婆《しゃば》世界に生きている限りは、はっきり言って、無理だと思いますね。

「ブッダ最後の旅」――煩悩は死までつきまとう

五木　繰り返すようですが、真実の姿を求めるということすら煩悩なんですから、飾り気のない、無垢《むく》な、真の自分の姿を求めずにはいられないという、その欲望は知的煩悩ですらあります。

立松　知的煩悩ですね。『ブッダ最後の旅―大パリニッバーナ経』を読むと、お釈迦さんは八十歳になって、自分の死期を悟って旅に出ます。自分のふるさとであるカピラヴァストゥに向かいますね。ふるさとで死にたいと願うわけです。僕は、これは煩悩ではないのかと思ったんです。本当に悟ったならば、どこで死んでもいいわけでしょう。あんまりこういうことを言うと、この世で生きていけなくなるけれども（笑）。

でもたしかに釈迦はカピラヴァストゥに向かったんですね。遊行して、先々で道を説いていったわけですが、その途中のクシナガラで亡くなっていくんですけれどね。身心脱落して、すべてのものから自由になったらふるさとで死にたい、ということも欲ではないかなと思ったりもするんです。

五木　その立松さんの意見はすごくおもしろいと思います。ただ、真相はどうだったか。つまりブッダは八十歳で死ぬと思っていたのか、そうでなかったのか。それからふるさとといっても故国であるコーサラ国はすでにもう滅びてしまって、親族もいない、国もほかの国になっているわけですから。はたして生まれ故郷をめざしたのかどうだったのか、よくわかりません。本能的にガンジスを渡って、そちらの方角に向かっただけかもしれません。

立松　断定はしないほうがいいですけれどね。

五木　ただ、事実は途中で行き倒れた。そこが僕はいいと思う。ふるさとへ帰ろうとして途中で死んだというのでは、収《おさ》まりがつきすぎて。

立松　鮭《さけ》が帰るのは子どもを残すためですから。それは自分たちのDNAを未来につなぐためです。もちろん釈迦はそんなことはないんだけれども、ふるさとに帰って安らかに死ぬという感覚はあっても不思議ではないと思いますが……。でもたしかに、死にに帰ったかどうかはわかりませんね。

五木　僕は旅で心が動いている、ということだったと思うんです。それで『大パリニッバーナ経』の中にも、マンゴーの木が出てくるじゃないですか。「マンゴー園の中で」とか、「マンゴーの樹林の下で」とか、いろいろ出てくる。実際、僕はあのへんでマンゴー園に行ったときに初めてわかったような気がしたんですよ。インドの暑さっていうのは並みじゃないでしょう、土ぼこりと烈日の中で、本当にあえぐようにして大地を行くと、ところどころにオアシスのようにマンゴー園がある。

マンゴーの木というのは小さなものかと思ったら、見上げるほど大きなもので、肉厚の葉っぱがびっしりと密生して、その下だけ木陰になっていて、それで遠くから吹き渡ってくる風がその樹林の下、葉の下を抜けていく、まるで天蓋《てんがい》のようになっているんです。そこに憩《いこ》うということは、何というすばらしいことだろうと。

それでブッダが世界は美しい、何とかの木はすばらしいと言うけれど、それは本当にそのとおりの実感だなということを、あそこの木の下に坐ってわかったんです。マンゴー園の樹下に坐って夜を明かすことのすばらしさですね。

想像するんです。雨季ではない時期ですから、とにかく夜になるとマンゴーの樹の下は、なんともいえず涼しい。そして頭の上にはマンゴーの広い肉厚の葉がうっそうと、天蓋のように覆《おお》っている。チラチラと夜空が見える。星々が輝く。そして遠くから吹き渡ってくる風が涼しく、自分の頬《ほお》をなでて通っていく。そこに坐って、そして同じ道を求める若い弟子たちというか仲間たちと、いろいろなことをポツリポツリと語り合いながら夜を明かす。これはブッダにとっては何とも言えない喜びであり、気持ちのいいことであったんじゃないかと思いますね。ああ、世界は甘美である、と、そういう思いが心を満たしたんじゃないか、と。

第五章　言葉に置き換えられない真実の教え

料理も草むしりも、みな仏道修行の一つ

五木　僕はここにいくつか、道元禅師の言葉を拾い上げてメモしてきたんですが、その中にこういう言葉があるんですよ。「善悪は時なり」。善悪は「時」だと言うんですね。

立松　「縁」ということですか。

五木　どうでしょう。『正法眼蔵《しょうぼうげんぞう》』の中の、「諸悪莫作《しょあくまくさ》」という章に出てくるんですが、「善悪は時なり、時は善悪にあらず」、とあって、「善悪は法なり」と続きます。さらに「法は善悪にあらず」。人が善に走ることもあれば悪に走ることもあるのは、その人の背負った状況によるものであるという意味ですから、親鸞の言っていることと、びっくりするぐらい重なります。善悪というものを初めから決めてしまって、善悪を論じない。人はある状況の下に置かれたときに善にもなるし、悪にもなる。その人の背負っている業《ごう》というものを考えなければいけないという。「善悪は時なり、時は善悪にあらず」と。

それからこういうことを言うんですね。これは法然《ほうねん》とそっくりなんだけれど、「世智弁聡《せちべんそう》なるよりも」、これは利口に振る舞うよりも、「鈍根なるようにて切《せつ》なる志しを発《ほっ》する人、

速《すみやか》に悟りを得るなり」。これは『随聞記《ずいもんき》』の巻二の二〇に出てくる言葉です。愚《ぐ》であるほうがいい。

立松　親鸞聖人は「愚禿《ぐとく》」と言っていますね。

五木　愚に返るんです。

立松　道元禅師は「大愚《たいぐ》」です。道元は「愚」は使わないけれど、その道元の思想を体現した良寛《りょうかん》は「大愚」で、愚の中に知恵があるという考え方ですよ。

五木　それはまさに法然の『選択本願念仏集《せんじゃくほんがんねんぶつしゅう》』の中にも出てくる考え方ですけれど、愚かなる人、文字も読めない人を見て、法然が、「あの人はきっと成仏する」と言ったというのとよく似ていますね。道元は愚と言わずに鈍根《どんこん》と言っていますけれど。

立松　同じことですね。

五木　知恵があり、明解に語る人よりも、「鈍根なるようにて、切なる志しを発する人、速に悟りを得るなり」と言っている。これは親鸞聖人の考えとも非常に重なっている部分があって、おもしろいですね。あれほどの知恵者というか、学識経験のある人でありながら、実はそういうものを否定しているところがある。
それから親鸞が『歎異抄』の中で、九章ですか、ちょっと風邪をひいたりして、病気で死ぬんじゃないかと心配したりすると、この身は浄土に行くというふうに信じて安心はしているのだけれど、いざとなると、なかなかこの世には名残り惜しくて、この世を離れるということは考えられないということを親鸞は言うんです。『正法眼蔵』の「出家功徳《しゆつけくどく》」の中で道元は「かくのごとく生滅《しようめつ》する人身《にんしん》なり、たとい惜しむとも、とどまらじ」と言うのです。つづけて「むかしより惜しんで、とどまれる一人《いちにん》、いまだなし」と。

立松　そうですよね。

五木　移り変わっていくのが人間の人生であると。それで、「たとい惜しむとも、とどまらじ」、どんなに名残惜しくても、とどまることはできない。「惜しんで、とどまれる一人、いまだなし」というような、実に人間的な、溜息《ためいき》を吐《つ》くようなところなんかは、本当にある意味で親鸞と重なっているところがあります。

立松　そうですすね。そういうところに共感を持つんですよね。

五木　やっぱりそういう、ふっと言葉と言葉の間に漏らした溜息のようなもののほうが、きちんと筋道の通った論よりは、人の心に近づいていくところがありますから。

立松　良寛に、「仙桂《せんけい》和尚は真の道者」という詩があるんですよ。それは良寛が修行した備中《びっちゅう》、玉島《たましま》の円通寺《えんつうじ》の僧のことです。その仙桂和尚というのは、お経は読まず、坐禅もせず、何をして生きていたかというと、いつも菜園で野菜をつくって、それをお坊さんと仲間に食べさせていた。そして黙って死んでいった。これこそ本当の修行者、真の行者《ぎょうじゃ》であるというふうな詩があるんです。たとえば道元にも、僧院の料理をする係である典座《てんぞ》のことを記した『典座教訓《てんぞきょうくん》』という著書があります。

五木　宋に行ったときの、老僧との有名な会話がありますね。

立松　そうなんです。たとえば、道元が天童寺《てんどうじ》に行ったときに、本当に暑い日の昼下がりに、鶴のように眉毛が白くて鬚《ひげ》が真っ白の老典座が、汗をダラダラかきながら海藻を干していた。それで道元は若いから「私がやりましょうか」と言ったら、「これはわしの仕事じゃ」、「いや、私がやります」、「おまえがやったのでは、わしがやったことにならない（他《かれ》は是《こ》れ、吾《われ》にあらず)」。さらには、道元が「それならこんな暑い昼日中にやらなくても、日が落ちて涼しくなってからやったらどうですか」と言うと、「いまこのときにやらずしていつやるんだ(更に何《いず》れの時をか待たん)」と。そういう話になってくるわけですね。

つまり、禅の場合には、やはり道元禅と言ったほうがいいのかな、修行というのはどこででもできるという思想なんですよ。

五木　なるほど。

立松　行住坐臥《ぎょうじゅうざが》、ご飯を食べたり、寝たりするのも、みな修行であると。それは中国の典座という考え方の中に、すべて含まれているんです。ちょっとこの話を続けていいですか。

五木　どうぞ、続けてください。

立松　道元が船で着いたのは、明州《みんしゅう》の寧波《ニンポー》というところです。建仁寺《けんにんじ》の僧侶で栄西の弟子の明全《みょうぜん》和尚が一緒でした。ところが当時の中国では、インド仏教以来、伝統の具足戒《ぐそくかい》を受けていないと、修行者として受け入れてもらえなかったようです。明全はそれを知っていて、ちゃんと興福寺で具足戒を受けてその証明書をもらって行くわけですよ。ところが道元は、自分は叡山できちんと修行したんだから、これでいいんだと言って、そのまま具足戒を受けずに行く。確信犯ですね。

五木　そうですね。比叡山伝統の大乗戒《だいじょうかい》、梵網戒《ぼんもうかい》は受けて行くんですが、そちらのほうは中国では認められていない。

立松　そうですね。それで、案の定、港でストップがかかって、船から出られなかった。道元は鬱々《うつうつ》としていたんです。

そんなとき、ある典座さんが乗り込んできて、道元といろいろと話をした。道元は面白くてしかたがない。ところが夕方になって、その典座は外泊許可も取ってこなかったし、明日もまた典座として料理をしなければいけない、帰ると言うんです。道元は、そんな食事の用意なんかは、若い者か誰か、ほかの者にやらせればいいではないか、もっと仏教の話をしましょうよ、と言うわけです。そのとき、その典座が言うには、「あんたは修行というものを何もわかっていない（外国の好人《こうじん》、未だ弁道《べんどう》を了得《りようとく》せず）」と。

そう言って去っていった。やがて縁あって天童寺で道元が修行していたときに、その老典座が訪ねてくるわけです。年を取ったので国元にひきあげるのだけれど、「おまえのことが気になってしょうがない」と言って会いにくるわけですね。そのとき、道元は息せききって、「修行とは何ですか（如何なるか是れ弁道）」と聞いた。すると、その老典座が答えるに、「偏界《へんがい》かつて蔵《かく》さず」と。

それは全部『典座教訓』に書いてあるんですが、「偏界」はすべての世界のことで、そこには何も隠されていない、真理はいたるところにある。龍の持っている玉《ぎょく》は知恵の玉ですね、これを苦労して取ってみれば、いたるところ玉でないものはないという。これは道元禅の根本になっていると思います。

つまり修行というのは、どこででもできるし、どんな小さな所作でも修行になる。料理は特に人に布施する仕事だから、修行者に布施をして、自分も修行するという一番尊い修行なんだけれども、宋に着いた当時の道元には、そこがわからなかった。ここが道元禅の出発点だと僕は思いますね。どこにでも真理はあるという認識ですね。

五木　道元は比叡山にもいた人ですから、最澄《さいちょう》の「一隅《いちぐう》を照らす」という思想の影響も当然受けていると思いますけれども、非常に大きな影響を日本人の心に残したと思うんです。今日でも、ある宗教団体では、便所掃除から始めるというところもありますね。

ですから、そういう身近なところから、すべての行為は修行であるという考え方は、ずっといまも残っている。いわゆる流行《はや》りの自己啓発本などもそう。

立松　なるほどね。それまで仏教というのは、お経を読んだり、儀式を行なったり、それから昔のお坊さんのことを学んだり、そういうものが修行だったわけですね。だけど、草むしりも仏教の修行であると。

五木　そうですね。

良寛は、典型的な妙好人《みょうこうにん》

五木　たとえば禅宗では、達磨を祖師としますね。そうすると、二世、三世、四世と後継者が続いて、五世に弘忍《こうにん》という人がいました。彼のところには、神秀《じんしゅう》、「神の秀才」というすばらしくできる弟子がいて、六代目はその人であろうと自他ともに認められていた。そこへあるとき、変な無学の男がやって来て、寺に入れてくれと言う。

聞くと、薪《たきぎ》を売って家の貧しさを支えていたために、自分は文字を知らず、経も読めない、だけど一生懸命やりますから入れてくれということを繰り返し言うのです。それでは一つのことを続けてやれるかと言うと、やりますと言う。ではここの雲水たちが食べるコメを搗《つ》く石臼《いしうす》を挽《ひ》くという仕事をやれと言われて、その仕事をもらって寺に入るんです。

それでその人は、本当に片時も休まず、ずっと石臼を挽き続けた。そればかりか、小柄で体重がなかったために、大きな石を腰に結びつけて石臼を挽くということを繰り返した。そのために腰のところが擦《す》れて、化膿して、膿《うみ》がダラダラと流れるというありさまであった。それにもかかわらず彼は黙々と石臼を挽き続けた。それを見て、五祖の弘忍が、この男は見込みがあるということで、結局その人を六代目にするんです。それが慧能《えのう》という人ですね。

それで、慧能が六世を継いだために、大秀才の神秀はその寺を出て、北のほうへ行って、いわゆる北宗禅《ほくしゅうぜん》といわれる勉学を中心とする禅の一流派の開祖となるわけでしょう。弘忍、慧能は南宗禅《なんしゅうぜん》といって、畑仕事や、草むしり、それからコメを搗《つ》くとか、こういうことが全部修行だという発想です。たぶん道元は、そういう感性を受け継いできたと思うんですよ。

あらゆる所作が全部修行につながるという思想は、やはり留学をすることによって、道元が宋《そう》から学んできた大きなものだと思いますね。

立松　おっしゃるとおりです。道元禅が展開していき、大衆の心をやっぱりとらえていく。田舎に行くと、本当に浄土真宗か曹洞宗のお寺が多い。それは雲水さんが、旅の僧として相当日本中を回ったんだと思います。そして小さな草庵《そうあん》を建てるとか、村人に「ここにいてください」とか言われて、お寺になっていったのだと思うんです。

道元禅というのは、只管打坐《しかんたざ》といって、どの本を読んでも、ただ坐《すわ》れといいます。さらには坐るのは安楽《あんらく》の法門《ほうもん》といいますけれど、実際、前にもお話ししましたけど、全然安楽じゃないですよ。足が痛いですよ。僕はまだ初心者だからなおさらだと思うけれど。

五木　坐禅は苦しいですね。

立松　苦しいですよね。でも現実には、やっぱり草むしりとか畑仕事とか、真の行者というのは何をやっても修行になっていく。良寛さんなんかはその典型だと思いますけれどね。良寛は坐禅もよくしていたようですけれど。

でも、本当に良寛の生き方というのは何をやっても尊敬される。酒を飲んでも尊敬されるし、子どもと鞠《まり》つきして遊んだり、かくれんぼして子どもが帰ってしまったのに、まだ藁《わら》の中で寝ていても尊敬される、まさに愚ですよね。愚というものを尊いものに見ていくという思想というのは、非常に民衆的だと僕は思うんですよね。

五木　昔のお坊さんが尊敬されたのは、誰も読めないような難しい経典を暗記しているとか、苦しい修行に耐えるとか、加持祈禱《かじきとう》の類《たぐ》いができるとか、そういうことですから。その正反対の極にあったのが普通の人々ですからね。目に一丁字《いっていじ》なき人々にこそ価値があるという考え方はものすごい価値の逆転です。真宗のほうでは妙好人《みょうこうにん》なんていう言葉がありますけれどね。ふつうは無名の農民や商人で、一心に念仏を唱えて無心に生活する人のことをいいます。

立松　僕は良寛も妙好人だと思います。

五木　無名人ではないけれども、その生き方は、典型的な妙好人かもしれない。

立松　典型的な妙好人ですよ。だいたい良寛さんというのは曹洞宗の僧でありながら、浄土真宗のお寺のお墓に入っているんです。最後にお世話になって亡くなった家の菩提寺が隆《りゅう》泉寺《せんじ》というお寺で、そのままそこのお墓に入っているわけだけれど、こだわらないところがあるわけですから。

五木　日本的仏性というものかもしれませんね。日本人の心性にはアニミズム、神仏習合みたいなものが、ずっとあるでしょう。高野山に行くと神社があって、お坊さんが神社の世話をしている。それと同じように、日本のお寺というのはどこに行っても、どこかに鳥居がある。それはほとんど、増上寺《ぞうじょうじ》でもそうだし、神社のない大寺ってないんですよ。昔から日本人というのは神棚と仏壇が同じ家にあるというので、それがすごく変で恥ずかしいことだと明治からいわれ続けてきたけれど、本当はそうではないと僕は思います。

ボスニア・ヘルツェゴビナのサラエボは、世界の宗教博物館といわれる街だったんだそうですね。セルビア正教あり、ギリシャ正教あり、ロシア正教あり、ユダヤ教あり、イスラム寺院ありで、それが全部背中合わせにくっついて、共存して千年、二千年という長い歴史を生きてきたという例があるわけです。宗教というのは本当は共存すべきものなんですよ。

立松　そうですね。日本では明治元年の神仏分離で、激しい廃仏毀釈《はいぶつきしやく》が行なわれました。僕は百霊峰巡礼（「岳人」連載、東京新聞より単行本化）をやっていて、山に行くと、廃仏毀釈で破壊されたままになっているお寺があるんだけれど、神仏分離の文化破壊の痛みを感じますね。

五木　あれは国家の権力でしたから。

立松　神仏習合時代、お寺と神社はつねにペアになっていました。比叡山に日吉《ひえ》神社、永平寺にも白山神社がありますように、法隆寺でも修正会《しゆしようえ》の結願《けちがん》の日に「ちゃんとうまくやっていますから」と西院伽藍《さいいんがらん》の裏にある総社《そうじや》に参拝に行くんです。総社明神社《みようじんしや》とも五所明神ともいうんですが、そこで『般若心経』を読んで、神々の名を呼んで、二礼、二拍手の礼をして行《ぎよう》が終わるんですから。

日本人が培《つちか》ってきた神仏習合の世界は、やはりバランスの取れた世界だったと思いますね。

五木　ただ、宗派を超えるというのは至難の業《わざ》です。これまでのたとえばブッダ、釈尊が、バラモン世界の中で、やはりバラモンの教えと違う世界というものを厳しくつくり上げたように、イエス・キリストがユダヤ教と違う自分の教えを確立したように、どうしても党派的なものは立てなければいけないところはあるんですよね。選択するというか、区別するというか。それで区別することが排斥にならないというのが、実は大事なんだけれど。

聖徳太子がいまも職人から尊崇される理由

立松　人間にもいろいろなタイプがあるじゃないですか、東大にぱっと行って、一つの学問を修めてくる人と、あっち行ったりこっち行ったりする人がいて、五木さんも僕もあっち行ったりこっち行ったりのほうだけれど（笑）。

五木　たしかに（笑）。ただ、空海《くうかい》はやはりある意味では仏教の正道《せいどう》を行っていると思いますね。というのは、一般には聖徳太子が一応、日本の仏教の礎《いしずえ》を築いたとされているでしょう。

立松　はい。

五木　しかし聖徳太子というのは、それでいながら船頭や職人、料理人や大工、そういう人たちに信者がすごく多いんですよ。

立松　そうです、包丁とか道具を使う職人さんたちですね。

五木　そう。僕も何遍か行っているんだけれど、あなたも行かれる四天王寺《してんのうじ》の四天王寺大学というのがありますよね。あそこに聖徳太子が設計して、自ら尺《しゃく》を持って建築作業を手伝ったといわれるお堂がある。そこへは大工さんたちの、講《こう》を組んでいる人たちが、何年かに一遍、お参りに来られるそうです。

それは何かというと、つまり聖徳太子のころに入ってきた仏教というのは、宗教だけではなくて、あらゆる先端の知識・技術を網羅した、百科全書的な思想であったわけです。薬草学がある、医学がある、それから天文学がある、航海術がある、建築学がある、音楽がある、それからファッションや、味噌とか豆腐とか納豆とかという食物に至るまで、全部をひとまとめにしたのが、あの当時の仏教文明なんです。

立松　なるほどね。

五木　聖徳太子はそうしたものを丸ごと紹介した人だから、大工たちには尺を使って建築する技術も教えた、それから船乗りたちには空の星を見て行き先を調べることも教えた。あらゆることを教えたから、あれだけのプリンスにもかかわらず、いまだに庶民大衆の労働者たちの支持がつづいているんじゃないか。というのは、太子は自分たちの職能世界のリーダーであったという意識があるからなんでしょう。

その後の比叡山や高野山《こうやさん》にしても、一種の総合大学で、あそこで教えていたのは仏教だけではない。仏教を中心として、医学から薬草学から料理法から、武術に至るまで、あらゆるものを教えていたんです。最澄はすごく秀才だから一番大事なところ、仏教の真髄に迫る部分にサッと行った。空海というのは、その仏教を丸ごと生活の中から吸収しようという意識があったから、日本に帰ってきてからも、貯水池を設計したり、橋をつくったり、仏教以外にもいろいろな業績があるでしょう。

立松　四国の満濃池《まんのういけ》などは、やっぱり空海の一大事業ですよ。知識人のタイプというのは二つあって、最澄と空海がいい例ですけれどね。最澄はたしかに、比叡山をつくって、そのあといろいろな人物を輩出していくけれども、最澄自身は中国に渡って天台山《てんだいさん》に行って、天台のことだけを勉強して帰ってきている。それで持ち帰ったものから密教経典がもれてしまっていて、あとで密教全般にわたって経典を集めて帰ってきた空海と、経典の貸借をめぐってトラブルが起きたりするんだけれども。

五木　空海は大天才ですからね。やっぱり彼は天才だと思う。それだけに後継者が育たないところがありますよね。

立松　そうですね。

五木　ただ、やはり見ていると、最澄という人も、当時の朝廷、国家鎮護の仏教では飽き足らないところがあって、そしてやはり大乗仏教の本道というのを一生懸命考えていた人ではありますね。ただ、生真面目《きまじめ》すぎる人だったかなという気はします。空海ほど図太くない。

立松　空海は特に図太いですね。でも、空海の生涯を見ていくと、神護寺《じんごじ》を建て高野山を建て、東寺《とうじ》も建て、本当に建築に明け暮れたような感じですよね。

五木　すごいですよね。これは人伝《づ》てに聞いた話だから噂話として言うんだけれど、司馬《しば》遼太郎《りょうたろう》さんが、身内の方が健在のときに「今度は何を書くんだ」と聞かれて、「いずれは空海を書こうと思う」と言ったら、「おまえ、あんな山師《やまし》のような男を書くのか」と言われて、「いやいや、それはちょっと違います」と弁解したという話を聞いたことがあります。

世間一般の人たちから見ると、杖《つえ》をついたら温泉が出るみたいな、そういう山師のようなところがあったから（笑）。ただし弘法大師空海は、その国民的人気はすごいですね。

そういうものと比べると、道元と親鸞というのは自分の城をつくらない。永平寺はありましたけれども、つまり全然こだわっていない。

立松　道元も「国王、大臣に親近《しんごん》せず」という、権力者に近づかないということで、これは非常に明晰《めいせき》なことだと思いますよ。

五木　僕もそう思いますね。

立松　権力に近づいていたら、そのときはいいけれど……。これまで自民党に近づいていた人で、いますごく困っている人がいっぱいいて、それ以上は言わないけれど、力というのは諸行無常の典型的なものでしょう。

五木　ええ。いわゆる釈尊といわれるブッダも、祇園精舎《ぎおんしょうじゃ》とか竹林《ちくりん》精舎といった修行の土地や建物を、その当時の王とか、富豪とかから寄進されているわけですね。そもそも彼は都市部から伝道を始めたわけなんで、彼を強く支持したのは新興商人階級なんです。王族からも、「あの国を攻めようと思うんだけど、どうかな」などと相談を受けるような間柄でありながら、全然癒着せずに、それでいわゆる遊女であれ、豪族であれ、商売人であれ、盗人であれ、ありとあらゆる人たちと、まったく分けへだてなく接するというこだわりのなさがすごいです。こだわりなく接するということは普通できない。

立松　そうですね、釈尊はクシャトリヤですから武士階級ですよね。その生涯の最後、好意で食事をふるまって、結果として毒キノコを食べさせてしまったといわれるチュンダは鍛冶屋の職人だから新興階級、ものづくりの人たちですよね。

五木　ただ、あの人の視線の行く手はやっぱりアウトカーストだと思いますね。僕はインドで、その村とおぼしき集落へ行きました。いまも道ばたでフイゴを使って釜《かま》や鍋《なべ》を打っています。それはそれは最低の貧しい暮らしでした。そういう職人層というのは、当時はアンタッチャブルの階層に入っていたんでしょう。だからそういう意味で、たとえば道元から反権力という意識もあまり感じないんですよ。むしろ非権力。

立松　非権力ですね。親鸞もそうですよね。

五木　そうですね。

立松　本願寺教団も、のちにはだんだんと大きくなって、一向一揆とか起こしているけれども、基本は反権力ではなく非権力ですよ。だから権力ではない。

五木　反権力と、あえてそんなふうには言わない。それからやはり一番大事なことで、いまわれわれにとって、何で親鸞や道元が関心を呼ぶかというと、その当時までの仏教とか思想とかというものは、鎮護国家、朝廷安泰、あるいは貴族権門の擁護、あるいは村とか都とかの安全、五穀豊穣《ごこくほうじょう》と、こういうものを祈るための、集団、共同体のものだったと思うんです。そのために祭祀《さいし》をし、祈りを捧《ささ》げるという、集団共同生活体の護持役を務めていたのが仏教です。

それに対して法然、親鸞、道元という人たちが何をしたかというと、人の心というもの、個人の心というものを見つめる、あるいは救済する、不安を救うということで、これはもう画期的に、ガラッと、黒と白が変わると言っていいぐらいに違ってきますね。平安時代末期の僧というのは、白衣《びやくえ》を着て、それが清浄なる色とされていたわけだけれども、親鸞、法然、その他の遁世《とんせい》僧たちは、あえて黒衣《こくえ》を着た。汚れある色とされている黒衣というものをあえて着た。そういうところに非権力ということがうかがえる。

そうすると、個人の確立ということと、個人の魂への凝視《ぎようし》というか、そういうものは彼らから始まったとしか思えないんです。それまでの共同体のための仏教から、村のためでも都のためでも朝廷のためでも国家のためでもない、個人のための信仰というものですね。だからこそ、法然とかという人たちに、九条兼実《くじようかねざね》のような摂政、関白を務めたような権力者までもが帰依《きえ》するわけでしょう。

それは摂政、関白であるとか、藤原家一族の安泰を願うとかというのではなく、彼自身が個人として、浄土に何とか行きたい。寺をつくっても、仏像を寄付しても、何か心休まらない。個人としての九条兼実が念仏が救済してくれるというシステムに対して、身を投げかけたという雰囲気じゃないですか。

「愚禿《ぐとく》」の本当の意味とは

立松　毎年、僕が法隆寺に行っているのは、吉祥悔過《きちじょうけか》という、奈良時代に勅令によって始まった行があるからなんですね。それが、いままで千年続いている。そのうちの十数回、僕も混ぜてもらっているわけですが、結局何をやっているかといえば、金堂に行って、声明《しょうみょう》で仏様の名前をたくさん呼んで、祈るんです。祈る事柄はいろいろあるんですけれど、まず最初に地味増長《じみぞうちょう》です。土に力をください。そのあと五穀豊穣です。食べ物をください。それから万民豊楽《ばんみんほうらく》。その次に鎮護国家ですよ。これで全部です。これを、奈良時代には勅令でそれぞれのお寺にやらせていたわけです。いまは法隆寺だけしかやっていませんが、そこには私《わたくし》はない、全体はあるけれど。

五木　当時の僧は僧尼令《そうにりょう》による官許の僧ですから。

立松　そうです。

五木　国家公務員なんだから。それで国家公務員としての給料ももらい、そして税金を免除され、兵役を逃れ、そして僧侶としての地位と職制というのを預けられているわけだし、その僧になるための試験の難しさというのは、本当に中国の科挙《かきょ》を超えるといわれるほどです。それを通って、僧侶になるわけでしょう。

そうすると、私度僧《しどそう》とか濫僧《らんそう》とかといわれる、勝手に頭を丸めて坊主の格好をしたような人とは全然立場が違うわけです。たとえば時代は少し下りますが、鎌倉時代に叡尊《えいそん》が真言律宗《しんごんりっしゅう》を興《おこ》して西大寺《さいだいじ》を再興するわけですが、その西大寺などには、そういう官僧と、濫僧といわれる私度僧とか、ヒッピーのような僧侶とが、渾然《こんぜん》一体として協働していたそうです。

さらに律宗系の人たちは何をやったかというと、橋を架けたり、池を掘ったりといった社会救済事業をやっていた。一方、官僧のほうは、加持祈禱《かじきとう》を行なうというふうに、ちゃんと棲《す》み分けができていたみたいですね。

立松　なるほど。西大寺はだから、ハンセン病患者の救済なども……。

五木　そうそう、それはもっぱら、聖《ひじり》たちがやった。

立松　聖といえば、たとえば江戸時代の円空《えんくう》とか、木喰《もくじき》といった人たちです。乞食《こつじき》というのは、もちろん仏教の根本ではあるけれども、見るからにヒッピーで、それはもう汚なかったと思うんです。事実、木喰がどういう人だったかを描写した文章が残っていますが、それによると、それはもう、髪の毛がボウボウで、汚い人だったと。

五木　「愚禿《ぐとく》」とか、「禿《とく》親鸞」というでしょう。「禿」というのはね、そういう頭のことをいうんですよ。頭を丸めてるわけでも、毛がないわけでもない。

立松　なるほど。

五木　禿《とく》とはカブロ頭のことを言うんです。よく髪の毛が禿《は》げているとか、頭を剃り込んでいると思う人がいるけれど、そうではなくて、当時平安時代末期から鎌倉期にかけては、庶民、農夫といえども、みな髪を結《ゆ》わえて小さな烏帽子《えぼし》をつけていた。それをつけずに、その代わり髪を伸ばしっ放しにしているのを禿というのです。かぶろ頭、カブロ髪。子供もそう。わらべ髪とかわらび髪とかともいうんですけれどね。

ではどういう人たちがそうした伸ばしっ放しや、切りそろえたような頭だったかというと、まず処刑の仕事に携わる人たち、それから死人の埋葬に携わる人たち、それから牛飼い、馬を扱う人たちとか、道々輩《みちみちのともがら》といわれる当時のアウトサイダーです。奴婢《ぬひ》、つまり、当時はもっとも厳しい差別をうけていた下人たちもそうですね。つまり当時、非人といわれた人たちの頭かたちが禿なんです。

親鸞の「非僧非俗《ひそうひぞく》」というのは、僧侶でもなく、世間一般の良民でもない半僧半俗の中途半端な存在ではなくて、柳田國男《やなぎたくにお》のいうところの常民、良民以下の徹底した最底辺のアンタッチャブルに身を置くという意味ではないでしょうか。笑われるかもしれませんが、僕はずっとそういうふうに理解してきたんです。

立松　なるほどね。

五木　禿というのはもう人間でない、非人として扱われている最下層の人たちという意味ではないか。悪人とはそういう人々をいう。それで先ほどの話を続けると、七〇一年の大宝《たいほう》律令《りつりょう》のあとに、僧尼令《そうにりょう》というのが出されて、そこで僧の身分というものが確定するわけですね、その中に禁忌、してはならないことが定められているんです。その中で、死穢《しえ》に触れると六十日間はお寺に来てはいけないとあります。だから葬式はできないんです。したがって西大寺の場合、葬式は誰がやったかというと、それは市井《しせい》の聖《ひじり》たちがやらざるをえない。弔《とむら》いというのは聖がやる。

立松　いまでも法隆寺のお坊さんは、天台の人が来て、お葬式をするようですね。いまの常識だと、お寺はお葬式をするところというふうですが、昔は……。

五木　昔は正式の僧侶は死穢に触れてはいけなかった。一切触れることはできなかった。遺体はただ、累々《るいるい》と投げ捨ててあって、野犬がそれを食い、鳥がついばむ。見るに見かねた聖たちが、特に律宗の僧などが、まとめて埋めたり、川に捨てたりという仕事をやっていた。それは大事な仕事なんで、彼らは汚れることを恐れなかった。「念仏者に汚れなし」など言われたといいますが、念仏の人たちも、そういうことを嫌わなかった。

『歎異抄』は、いかにして発見されたか

五木 蓮如が『歎異抄』の末尾に註を入れて、この『歎異抄』というのは軽々しくみんなに披露してはいけないと言っているんですが、その真意は隠せと言っているのではないんです。やはりそこは非常に微妙なところがあるんですよ。これは当流で最重要の書である、と断言した上で、そのまま受け取ってしまうと非常に間違いやすい部分があるから軽々しく見せびらかしてはいけないと。

立松 悪人正機説なんかも、本当にまともにそれを取って展開したら大変なことになりますよね。

五木 それはどういうことかというと、もともと悪人正機説というのは、法然上人の『選択本願念仏集』の発想なんですね。しかし先ほど言いましたように、法然上人は自分が面と向かって念仏の本義を説く、自分の声を通じて、自分の表情を通じて、全人格を通じて語り

かける場合には正しく伝わるであろうと思っているんです。ところが『選択本願念仏集』というのは、マニフェストで、文章化しているわけです。

文章が伝えるものというのは、そのときの自分の声とか全身全霊とともに語る言葉として伝えられるものではないから、真実の半分ぐらいしか伝わらない。だから『選択本願念仏集』というのは浄土宗の聖典なんですけれど、一番最後には、読んだ人はこれを窓の下の土の壁の中に埋めて、ほかの人などに見せてはいけないと書いてあります。それは一つの重要聖典のスタイルなんです。

『歎異抄』も同様で、著者であるとされる唯円《ゆいえん》も巻末で「他言あるべからず」と書き、それに註をして、蓮如も同じことを繰り返して書き加えているのです。

『歎異抄』という書物は、よく言われるように、蓮如が隠したものを、明治になって清沢満《きよざわまん》之《し》が発掘して世に広めたという話ではないでしょうね。何といっても、いまある『歎異抄』は全部蓮如が見つけ出し、それを編集して写したものですから。蓮如が本願寺の倉庫の棺《ひつぎ》の底から、何かバラバラになっている資料を発見して、それをとりまとめて書き写したものが

『歎異抄』の原典なんです。いま出ている『歎異抄』で、蓮如の書写した原本以外には、ほかの版は一冊もないんです。ということは、蓮如なかりせば、『歎異抄』は世に出なかったということなんですね。隠したどころか、まるで正反対で、発見し、それを世に出したのが蓮如だったのです。

ただ、蓮如がそれをまとめるときに、ひょっとしたら取捨選択したかもしれないとか、恣《し》意《い》的に編集を施したかもしれないという問題はあります。実際、最近でも佐藤正英《さとうまさひで》という学者の方は「錯簡《さっかん》」という言葉を使って、蓮如の編集には何かミスノートがいくつかあるのではないかということを指摘しておられます。いま『歎異抄』といわれている書物は、もともとは二冊の違う本で、第十章以後が本来の『歎異抄』で、それ以前はまた別の本だろうと、佐藤さんは主張されている。

立松　『歎異抄』は、蓮如を通してすべて筆写されているわけですか。

五木　そうです。それまで存在すら知られていなかった『歎異抄』を、彼が発見したんですから。彼はものすごく本願寺の部屋住みが長かったたし、驚くほどの勉強家でしたから、書庫にあるものを全部見たんです。その中に、バラバラになって、一枚の紙に六行ずつ書いたような書きつけがあった。それを読んで、びっくりして、それでそれを自分で書き写した。そして内容の重大さときわどさを痛感して、あとがきに、これは、みだりに誰彼と見せびらかすべきではない、本当に重要で高度なものだから、やたら人に見せてはいかん、というふうに書きつけたものなんですね。

立松　なるほど。いろいろな邪推《じゃすい》が入ってしまうのかな。

五木　蓮如にしてみると、文字で記録したものであるがゆえに、同じ発言でも皮肉として言ったのか、あるいは感激して言ったのか、そのへんのニュアンスが文字では伝わらないかもしれぬと考えたのでしょう。

真宗では今でも聞法《もんぼう》ということを一番大事にするんです。要するに、直接声で話を聞くということが最も大事なことであると言うんです。文字で読むのではなく、聞法で、人から人へと直接伝えるということです。コップからコップへ水を注いでいくように、真宗というものは、人から人へ伝えるということを一番重視しているんです。

だからこそ空海にしても最澄にしても、なぜ中国へ渡るのかというと、そこで師匠の正統な教えと向き合って、面授《めんじゅ》されることが必要だからです。滞在する期間は短くても、大事な人の面授を受ける。道元の場合には如浄《にょじょう》という天童寺《てんどうじ》の師匠から直接教えを受けますよね。これが大事なのであって、どの本に出合ったかということではないんです。法然も反逆児として幾人もの反面教師に会っている。あえて言えば、殺された父親の遺言の中に、大事な仏の思想があった。

立松　前にも話に出ましたが、道元の時代に、日本達磨宗《だるましゅう》というのがありまして、『随聞記《ずいもんき》』を書いた懐奘《えじょう》は、道元に弟子入りする前は日本達磨宗だったんです。日本達磨宗の開祖は大日房能忍《だいにちぼうのうにん》という人でした。

五木　中国とは別に、達磨宗というのが日本にあったわけですか。

立松　そうです。日本達磨宗というのがあって、それが道元の曹洞宗に合流していったんですよ。能忍という人は、師につかずに独悟《どくご》したため、紛《まが》い物との非難、中傷に悩まされていました。そこで弟子を中国育王山《いくおうざん》の拙庵徳光《せったんとくこう》という高僧のもとに遣わして自らの禅境を文書で問い合わせています。そこで認められて正式に嗣法《しほう》しているんです。極意を嗣《つ》いだと証明されたわけですね。でも、それは師と対面しているわけではないんです。一方の道元は中国に行って、如浄と面授して、嗣法してきたわけですが、これが本来のやり方なわけですよ。

五木　要するに、能忍の場合は、森の石松の代参みたいな感じですね。

立松　そうです。ですから弱いですね。達磨宗というのは当時は禅の中の一派としては大きかったようです。ところが何度か弾圧され、お寺も燃やされて、バラバラになって、そして波著寺《はじやくじ》という永平寺の近くのお寺にお坊さんがたくさんいて、その日本達磨宗の禅をやっていたわけです。

そうして道元と合流して行く。懐奘はその前に、京都にいるときにすでに道元の弟子になっているんです。僕の言いたいのは、要するに嗣法というのは、やはり面授ということが大切なことであって、ただ手紙のやり取りで嗣法できるものではないということなんです。そういうことを、ちょっと思い出しました。

人から人へ、「面授《めんじゅ》」でしか伝わらないこと

五木　文書では、大事なことが伝わらない恐れがあるということは、大事な問題ですね。だからこそ法然は『選択本願念仏集』という浄土宗の根本聖典の末尾に、読んだ人はそれを隠せ、人に見せてはならんと書いた。念仏に共感している人だと理解できるであろうけれども、そうでない人には難しいところを文字にしてあるわけだから、誤解を招く危険があるということなんです。

前にも言いましたが、『歎異抄』を書いた唯円《ゆいえん》も、「外見《がいけん》あるべからず」と末尾に自分で書いている。さらに蓮如が、これは当流大事の聖教である、これはまことに大切なものであると、それで無宿善《むしゅくぜん》の者には左右なく、「許すべからず」、安易に見せてはならないと書いた。そうして蓮如がそんなふうに隠していたのを、明治になって清沢満之が引っ張り出して、世間に『歎異抄』ブームを巻き起こしたというふうな伝説が出来上がっていますけれども、実はそんなことはないんです。江戸時代からずっと『歎異抄』は復刻されたり、いろいろなかたちで読まれたり、論評されたりしてきていますから。それに『歎異抄』を評価した

のは清沢満之ですが、世間に広く知らしめ、ブームをつくったのは清沢の弟子の暁烏敏《あけがらすはや》でしょう。

立松　道元の『宝慶記《ほうきょうき》』という如浄との問答筆記をまとめた本のことは前にも出ましたが、これは本当にドラマチックなんです。道元というのは外国から来た留学僧ですよね。それで如浄に手紙を書くわけです。大きい寺だから、和尚さんと下っ端のお坊さんと、ずいぶん距離があったと思うんです。

「私は道元という者で、日本から来ました。いろいろな教えを乞《こ》いたいんだけれども、お部屋に伺《うかが》って、質問することをお許しください」と手紙を書くのです。そうしたら、如浄の返事が「私はあなたを息子と思って、すべての無礼を許す。昼でも夜でもいつでも、袈裟《けさ》をつけてもつけなくても、いつでもおいでなさい」というもので、そこから密《ひそ》かな対話が始まるというのが『宝慶記』なんです。

道元が死んでから、それが風呂敷包みの中から発見されて、それを懐奘が書き写したとされていて、あまり有名ではないのかもしれないけれど、僕はこの『宝慶記』は好きなんですけどね。当時の宋の元号で宝慶《ほうきょう》年間だったもので、そこから書名がとられています。

五木　これは、空海が唐に渡って師の恵果《けいか》と会ったときに、「そなたが来るのを待っていた」と言われたという話とよく似ている。でも、向こうにしてみればね、日本なんていうのはもう、世界の果てですよ。その小さなところから志を立てて、危険を冒して寧波に上陸して、わざわざ訪ねてきた人を愛《め》でるというのは当然かもしれない。仏法を求めて、よくぞ波を越えて命がけでここまで来たと、蔑視《べっし》したりもせずに、意気に感じる部分もあったでしょうね。

第六章　なぜ、いま『歎《たん》異抄《にしょう》』なのか

親鸞の本音を伝える『歎異抄《たんにしょう》』の不動の価値

五木　先ほども少し触れましたが、最近の流れの中で、学者や学会の方向からの提言として、『歎異抄』は本人が書いたものではない、あれは弟子の聞き書きだから親鸞思想の参考書にはなるかもしれないが、大事なのは本人の著作である、と言われたりしますね。いちおう仮に唯円《ゆいえん》としておきますが、身近にいたお弟子さんたちが親鸞聖人の言行というものを書きとめて一冊の本にしたものであって、『歎異抄』でもって親鸞を理解するのはいかがなものかという空気が、いまあるんです。

やはり『教行信証《きょうぎょうしんしょう》』をはじめとする親鸞の膨大な著作を丹念に読み解《と》いていかなければ、親鸞思想には近づけないのだと言われると、『歎異抄』を愛読している人たちが、そうか、俺たちはわりとイージーに親鸞を理解していたのかとちょっと後ろめたく感じる気配がある。けれども私はそれはどうかなと首をひねるところがあるんです。

俗な言い方だけれど、たとえばキリストが『聖書《バイブル》』を書いたわけではない。『聖書』はキリストに従った人たちがキリストの言行を記録したものです。弟子たちの手紙もある。あるいは『論語』も孔子が書いたわけではありません。「子曰《しのたまわ》く」ですから、先生はこうおっしゃったと、弟子たちがそれを記録したものでしょう。

立松　そうしたら仏典は全部そうじゃないですか。釈迦が書いたわけではない。

五木　ブッダの生きていた時代にだって、文字はあったわけです。あったにもかかわらずブッダは一行も書かずに、のちの人たち、それこそ百年後、二百年後、三百年後の人々がそのブッダの言葉をできるだけ正確に伝えようとみんなで討議しあって、それで残したものが基本的には『仏典』ですからね。

ソクラテスだってそうでしょう。プラトンの『ソクラテスの弁明』があってソクラテスの言葉が伝わるわけだし、『花伝書《かでんしょ》』といわれる『風姿花伝《ふうしかでん》』という能の理論書にしても、世《ぜ》阿弥《あみ》の作ではありますが、世阿弥は自分のお師匠でもあり、父でもあった観阿弥《かんあみ》の言葉を記録しながら、能の真髄を語っているわけです。

そういうふうに考えてみると、キリスト教徒にとっての『聖書』、儒教にとっての『論語』、こうした書物とまったく同じような位置を『歎異抄』は占めていると僕は思うのです。それからまた、なぜその人たちが文字に書かずに伝承として伝わっているのか、つまり、なぜ言葉でしゃべったかというところに、非常に大きな問題があると思っているんです。文章化したときに大事なものが抜け落ちるのではないか、と心のどこかで感じるものがあった、と。

『歎異抄』は、親鸞に対して近づいていくうえでの最初の入門書として、非常に大切なものであるし、それからまた親鸞思想の終点として『歎異抄』に戻ってくるということがあってちっともおかしくない。親鸞の師であった法然は「易行《いぎょう》」を説いた人で、易行というのは、とにかくやさしく行なうことを旨《むね》とする、というのが根本です。入口は広く、やさしいほうがいい。

『歎異抄』で親鸞をわかったような顔をしているのは間違いだよという考えは、親鸞から人々をちょっと遠ざけてしまって、学問的な親鸞研究家の方向へ人々をリードしていくような、そういう傾向もありそうな気がしています。

混迷期にクローズアップされる『歎異抄』

五木　『歎異抄』という書物は、親鸞が語ったことの中で、唯円が取捨選択して選んだものですから、すでに唯円の感性のバイアスがかかっている。それは当然です。だからこそ真実に近い、と僕は思うのです。これだけで親鸞の全体像を想像することは難しいですけれども、この中からわれわれ、つまり二十一世紀に生きている自分たちに非常に切実な問題として突きつけてくるのは、やはり悪とは何か、善とは何かということだと思います。

やっぱり人は宿業《しゅくごう》を背負っているとしか考えられない。何でセルビア人として生まれたのか。どうしてパレスチナの地に人となったのか。これは自分の努力や誠意や、愛や意志の力などで変えることができないものでしょう。アウシュビッツに送られるユダヤ人にしても、自分の選択でもってユダヤ人として生まれたわけじゃない。それからユダヤ人たちを護送したり、あるいは監視したりするナチの兵士たちにしても、ドイツ民族として生まれて、徴用されてアウシュビッツに配属された人もいる。そういうどうしようもない運命を背負っているわけです。その種のことは、われわれもやはり背負っている。

どんなに頑張っても自分の両親を取り替えることはできない。自分を生んだ母親は、自分の考え一つで違う母親と交換することはできないんです。そういうふうに考えると、宿業というのはやっぱりあると感じざるをえないんですね。

立松　この間、僕は伊勢に行ってちょっとびっくりしたんです。伊勢神宮の中に月読宮《つきよみのみや》という社《やしろ》があって、ある年代、いわゆるアラフォーといわれる四十歳前後の女性たちがたくさんいるんです。地元の人に聞くと、ある霊能師が月読の神社に行くと何かが変えられると言ったもので、最近大評判なんだと言うんです。つまり宿業が変わるということなのでしょう。

それを鵜呑《うの》みにして、そこに似たようなタイプの人がたくさん来ると言うんですよ。つまり、いまはやりの言葉で言うと、負け組の人が来ると言うんです。非常にリアリティがありすぎる言葉だけれど、つまり宿業を変えたいという欲求がみんなどこかにあるわけです。

五木　いま書店なんかに氾濫《はんらん》している本の中には、たとえば「ありがとう」という言葉を一日に百回言えば、自らの人生が変わるとか、その手のハウツーものが少なからずあります。やはりみんな自分の人生を変えたいと思っているところがあるんでしょう。だけど変えることができないものって、世の中にはありますよね。

立松　血液型だってそうですよ。

五木　血液型だってそうですね。それからわれわれが黄色人種として、アジア人として生まれたというのは、これはやっぱり宿業といわずに何と呼ぶか。マイケル・ジャクソンが白人に生まれたかったと思っても、それはしかたがない。みんなそれぞれ、生まれながらに背負っているものがある。それは間違いなくある。

それと同時に、宿業というものがそういう決定的なことだけではなくて、世の中のこと、一つひとつちりのような小さなことといえども、その人の前世というか、そういうものの業《ごう》縁《えん》なきものはないのだから、それの善悪というものを簡単に言ってはいけないという、きわめて極端なことをこの『歎異抄』というのは語っているような気が僕はするんです。

極端なことを語るがゆえに、ナイフのように鋭く僕らの心臓を突き刺す、血が流れるというところがあって、もしもその鋭さを消してしまって、合理的にやさしくそれを解説してしまったときに、その力は失われるのではないかという感じがしますね。

立松　パワーがあるんです。『歎異抄』というのは読むたびに変わります。それは自分が変わっているからですよね。

五木　そうだと思いますよ。今日の自分と明日の自分は違うし、僕も二十何歳で読んだときと今とでは全然感じが違いますしね。

立松　これほど違う書物は珍しいですね。僕は『正法眼蔵《しょうぼうげんぞう》』なんかにもそれを感じるんだけれど、『正法眼蔵』は長いじゃないですか。でも『歎異抄』はすぐ読めるし、ここのところはどうなのかなと悩んだときなんかに、取り出してきてすっと読めるから、その変わりようがよくわかりますね。自分が変わって、本当に読むたびに変わっていく。逆に言うと人生というのは変化の連続です。それに寄り添ってくれる書物じゃないですか。

五木　ええ。『歎異抄』というのは突きつけられるものがあって、僕なんかは逆に非常に単純に『歎異抄』の中の言葉で救われたというとおかしいけれども、ああ、自分も生きていていいんだなと納得がいったというか、そういうものを得ているので、これはもう議論の問題じゃないんです。

立松　それが本当の書物ですね。たとえば「本願ぼこり」という言葉だって、われわれの日常生活の中にいくらでも有益に使えることですよね。

五木　自分のやっていることというのは、一見いいことをしているように見えるけれども、「わが心のよきにあらず」というか、これを人は常に噛《か》みしめていなければいけないという感じを否応《いやおう》なしに受けますね。親鸞というのは、悩む力の天才だと僕は思うのです。つまり彼の抱えている煩悩の大きさというのは、僕らの百倍、千倍のものがあるんですよ。賢いことにおいて百倍、千倍じゃなくて、煩悩の量が違う。善人はおろか悪人にさえも自分はなれないなと思うところがあって、いわゆる凡人というか（笑）。

立松　僕は凡夫でいいんじゃないかと思っています。

五木　『歎異抄』は時代、時代で、そのとき一番混迷しているときにクローズアップされてくる、そういう本なんですよね。

立松　いまこそ『歎異抄』がクローズアップされるときですね。ただ、『歎異抄』を読んで自分を見つめることはできますけど、解決方法が書いてあるわけではないんですよね。

五木　いまの世の中は、グリーンスパンは百年に一度と言ったけれど、僕は五百年に一度の、価値の大転換期にあると思っているんです。もっともっと格差は広がっていくだろうし、もっともっと社会の『蟹工船』的な要素、あるいは『カラマーゾフの兄弟』的な要素とか、そういうものが深刻になっていくだろう。

そういうときにキラッと光ってくるのは、『歎異抄』の力だろうと思っているんですけれど。これは簡単に解決できたら、こんなに長く生き続ける本にはなっていないと思うんです。

立松　やっぱり読めば読むほど悩む本ですよ。こんな本はほかにないですよ。何度も何度も読んで、結局読めば読むほどわからなくなるという本ですね。

五木　わからないいんだけれども、その問いをいつも心の中で繰り返しながら、それを無視することはできない。

立松　自分に向かって刃《やいば》が飛んでくる。刃が飛んできて、自分が裸になっても、それでも読めば読むほどその刃が内臓まで突き刺してくるという本ですよ。

来世《らいせ》ではなく現世《げんせ》を目的とした親鸞

立松　鈴木大拙《すずきだいせつ》の『日本的霊性』というのは、そういう意味では非常におもしろいですね。親鸞の時代になって仏教が初めて日本に血肉化した、土着化したと指摘しています。僕はインドの仏教、たとえばお釈迦さんが打ちたてた仏教ですが、日本に来た仏教宗派を見たら浄土真宗は一番仏教から遠いと思うんです。一番近いのは禅宗だと思います。それはお釈迦さんの姿をそっくり真似て坐禅しているわけだから、わかりやすい。

僕が知っている限りですが、釈迦の仏教から本当に最も遠いけれど、逆に近いというか、人間の業《ごう》、人間の本質に迫っているのは親鸞聖人の思想ですね。

五木　一回りして近くまで来ているんです。

立松　そういう周回遅れか何かわからないけれど、一周違う。

五木　先に進みすぎている。一回早く行っている。

立松　そういうことですね。

五木　それは何かというと、人間というのは、やっぱり死のことを考えないといけないんだけれど、死の側から死を考えるのではなくて、よりよくいまを生きるために死のことを考えている。だから来世《らいせ》が目的なのではなくて、現世《げんせ》が目的だと僕は思っているんです。現実の世界によりよく生きる。そのためには、死んだあとどうなるという問題もそれなりに覚悟というか解決しておかないと、いまの生き方が不安になる。だからいる座標は、いつも現実にある。

僕はブッダと親鸞とどこに共通性があるかというと、いまをよりよく生きるということで、それを語った人だと思っているんです。

立松　ブッダというのは浄土を語っていませんよね。

五木　語っていません。

立松　輪廻転生《りんねてんしょう》を語っているけれども、浄土というのは語っていないんです。

五木　あえて語っていないんでしょうね。霊という問題についても……。

立松　いまをどういうふうに生きるか、この現世をどのように生きるかということですよね。

五木　前世《ぜんせ》ということも言っていますが、そこにポイントは置いていない。日常的な生き方から仏教学的な論理にまで全部対応しつつ、いまといまの人々の生き方を語っていると思います。

立松　もちろん禅もそうです。禅もいまのことしか語っていないですよ。

五木　来世のために現世を生きるというのは違うような気がするんです。来世の幸せを願って現世を生きるのでなくて、来世を考えるのは、いまの世の中をよく生きるために死後の世界のことも考える、ということなので、軸足はあくまでいまこの日一日、明日一日であって、そこに宗教というものがあると思いますね。

『歎異抄』をどう読むかというのは非常に大きなテーマで、たとえばある外科医のグループは、ものすごく重大な大きな手術の前には、スタッフ全員が集まって『歎異抄』の一章を読むとか、そういうことがあるそうです。近代科学の世界とどこかで背中合わせで大事な問題を抱えているような気がするんです。

裁判員制度を親鸞流に読みとく

立松　ところで、裁判員制度が始まりまして、日本の裁判員制度というのはアメリカと違って量刑にまで踏み込む判断をしないといけません。そのときに、宗教者として人を裁くということができないとなると、死刑の判決を出せない、甘い刑を下さざるをえない、そういう葛藤《かっとう》がやがて訪れる。

五木　原理主義的イスラム教徒とか、原理主義的キリスト教徒とか、原理主義的真宗とか、そういう人たちにとって、この制度はちょっと難しいような気がしますね。つまり原理主義でいえば、いまアメリカでも、たとえば九・一一の事件の遺族の中にも、報復は絶対しないという主張をかかげてグループとして活動している人たちがいるんです。

ブッシュが報復すると言ったときに、「『復讐するはわれにあり、われこれを報《むく》いん』とバイブルにもある、報復というのは神の仕事であって人間のなすべきことではない」と頑張っている人たちがいるわけですね。

それはそれですごく立派なことですけれど、そのように原理主義的に解釈すると、一歩も動けなくなってしまう。ですからむしろそこは葛藤というのが大事だと思うんです。現実の自分の置かれている状況と、それからたとえば『聖書』とか、あるいはイスラム教の『コーラン』であるとか、あるいは『歎異抄』であるとか、そういうこととの間の矛盾と対立の中に身を置いて、その中で翻弄《ほんろう》されるのが人間ということだと思いますね。

「右の頰《ほお》を打たれたら左の頰を出せ」と言っていると、生きていけないという問題もあります。それは「いや、それは右の頰を打たれたら左の頰を殴り返せばいいんだよ」という現実的な主張に対するブレーキとして大事なのであって、僕は原理主義的な解決というのは危ういところがあると思いますね。

そうすると、そこで問題になってくるのは、結局こうしましょうというノウハウを一つのテキストとして出すことではなくて、個人が悩むという問題になってくる。結局、仏とわれ一人のためというのは、その人と自分の思想との関係ですから、一人ひとりが悩むしかない。

現実の問題として人が人を裁けるか。たとえば罪なき者、この女を石もて打てと言われると誰も打てないということになるわけですから、誰も打ってはいけないというのが原理主義なのであって、そうではなくてやっぱり俺はこの女を打てるかということで悩んで立ちすくむ。その中で、打つか、打たないかと言われれば、打ちませんと答えるか、打つと言うか。でもそこで何の逡巡もなく、ストレートに善悪を簡単に決めて判断し、行動するのはいけないということを教えているんじゃないですか。

人を裁くということは人間にできるかというと、何を言っているんだ、裁くのは当たり前じゃないかというのが世間の常識でしょう。

立松　そうですね。

五木　悪いことをしているんだから死刑にすればいいじゃないかというのが世間で、そのときに一歩立ち止まることが実は宗教の持っている意味だと思いますね。法律は宗教と相反する立場のものですから。

立松　たとえば極端な例ですが、戦前、宗教者という立場で、兵役を拒否した場合に、当然それは権力からすると許されないことでしたから、信仰と権力との間で常に悩むことになったと思うんですが、もしかしたら今度の裁判員制度というのは、新しい悩みのきっかけになるというか、一つの悩みの装置が提案された可能性があるのではないかと。

五木　ただ問題は、世の中の九九％までが、そういう問題で悩まないんです。いまの世間は、もう当然だろうと頭から決めて、そして大きなメディアと政府が一体となって裁判員制度のパブリシティを進めていけば、一〇〇％の大勢は、そちらに流れていくことになる。

そういう中で、本当に人間はそれでいいのかというごく一部の少数者の意見、疑問を提出するのが『歎異抄』であったり、宗教の役割なので、それが一〇〇％そのままになっていったら、「北朝鮮がミサイルを撃とうとしている、じゃあ、その前にやっつければいいじゃないか」となっていくわけです。じゃあ、撃たれっぱなしで日本民族は亡びればいいのか、と反論がでてきます。

僕は宗教というのは、ある意味で無力の力というか、そういうものだと思うのは、現実の世界では、われわれはいまこんなことを論じていますけれど、人の善悪を簡単に決めるということが世の中の常識ですよ。その世の中の常識に対して一％の人間の抗議の申し立てというのがやっぱり大事なのであって……。

立松　文学だから、宗教だから聞いてくれるのであって……。ですから僕は文学なんかがなくてはいけないと思うんですけれどもね。何か社会との関係において逆転した発想がないと、みんなが正義で、「本願ぼこり」みたいになったら本当に怖くなる。

五木　そうだと思いますね。やはり無力の力というか、そういうものなので、そういう声が、もしもなかったとしたならば、とんでもない時代になっていくだろうと。

立松　しかし浄土真宗の歴史なんかを見ても、やっぱりものすごく苦労して、戦争のときも人を殺していいのかどうか、議論が相当あったようですね。

五木　それで一殺《いっせつ》多生《たしょう》という理屈を考え出すわけですよ。百人を救うために一人を殺すことは正しいことだという理屈をこねくり出して、それに従うわけですが、それは考え方として無理です。親鸞の立場でいうと、たとえば代官とか領主とかが念仏を弾圧してどうしようもない、いくら説明してもだめだ、どうするかというときに、逃散《ちょうさん》せよ、その場を逃げろと言っているのです。

それは難しいことなんです。村を離れるということは、戸籍台帳から抹消されて無宿人《むしゅくにん》になるわけですから、それは当時にあってはアウトカーストになることを意味します。それでも、そこで一揆を起こして、みんな殺されてしまうよりも念仏を大事に守って逃散せよと。

立松　それはすごい世の中ですね。

五木　でも先日の、戦前の横浜事件の顚末《てんまつ》なんかを見ていても、そういう戦時色というか翼賛体制の下では、本当に自由にものは言えないですからね。それは『歎異抄』なんかも当然禁書になりますよ。「よきことをなすも悪しきことをなすもその人の宿業」だなんて言った日には。

ファシズムというのは、全員が一致しなければいけない、全員が同じ方向へ行けというのが根底の思想です。全体主義というのはそういうことです。そうすると『歎異抄』とか何とかというのは、百に一つとか千に一つとかという声ですから、それがなくなった世界がファシズムなんです。

ブッダの思想もそうだし、『歎異抄』の思想もそうなんだけれども、そういうファシズム、全体主義というものに対する一つの厳しい警告の書というか、それがなくなったら、もうおしまいだと思います。

戦場で『歎異抄』をどう読むか

五木　こんなエピソードがあります。ある兵士が戦場で悩んでいた。明日は激戦の中で敵兵を殺すことになるかもしれない。しかし、自分にそれができるだろうか。そのとき『歎異抄』の中の「人一人殺すことができないのは、心が善いから殺せないのではない。ときによって人は苦もなく千人殺すこともありうるが、それも、心が悪いわけではない。これらは宿業のなすところであって、自分で善悪を判断してはならない」というくだりを思い出して、心が落ち着いたという。

しかし、それで心が落ち着けるのだろうか、と僕は感じるのです。親鸞はどう語ったのだろうか、と。

立松　自分は大きな運命の中に、宿命の中に放り込まれたから仕方がないというふうな解釈ですよね。

五木　要するに「心がよくて殺さぬにあらず」だから、宿業によって殺すこともある、殺さぬこともある、それはおまえの……。

立松　せいじゃないということですね。

五木　せいじゃないということになってしまうので、僕はこの話に接して、感動よりも疑問を感じるんですね。

立松　いや、そうですね。安心して、心悩ませることなく戦闘行為に没頭していいということになりますね。

五木　極端にいえばそこまで行く。成り行きに任せようと。

立松　他力の悪しき利用というか、任せたので自分にはもう責任がないというみたいな感じですよね。

五木　でもこういう読まれ方をするのが、ふつうかもしれません。ひと言で言えば、秋葉原事件であれ、オウムの麻原であれ、その人が悪いんじゃない、その人の宿業を恨め、宿業を嘆けということになる。

立松　個人が無視されていますね。

五木　そこで先ほどの裁判員制度の話になりますが、自分は親鸞聖人を信じて共鳴している人間ですから、善悪という価値基準がありませんと言えば、裁判員から外《はず》されることになるでしょう。

立松　外されるんですか。

五木　現在の制度では、法律についてそういう偏見を持っているとみなされて、外されるんじゃないかな。だけど外されて、それでいいのかという問題ですね。外れればそれでいいのか。ただ、そこでやはり親鸞は、じゃあこういうふうに行動せよとは言っていないんですよ。ただ念仏せよと言っている。

立松　この兵隊さんは、本当に苦しいところに追い込まれてしまっているんだと思うけれども、ちょっと都合のいい解釈をしていますね。

五木　そうだと思います。何かそういう気がする。この言葉をそういうふうに解釈してしまって、そこで自分の心の支えになったというのでは、正直言ってわからない。

立松　この解釈だと何でもありになっちゃうじゃないですか。しかし、これは地獄ですね。

五木　ですから、何度かお話ししたように、僕は、地獄は現世にあると思っているんです。たとえば自分がドイツ国民に生まれて、あの戦時色の中で育って、ヒトラーを崇拝して、それでユダヤ人を一掃すべきだという意見に従って、それでアウシュビッツの看守か何かに回されて、毎日毎日、人を物理的に処理する仕事に従事させられる人間になったときに、それを拒否して軍法会議に立てるかどうか。

立松　たとえば戦争中の日本人で、兵隊に取られた多くの人が、それを矛盾と感じるかどうかはともかく、戦場に行くことに対する大いなる思考を迫られたわけでしょう。そうでもないのかな。

五木　僕は、大半はそうでなかったと思いますね。善悪というのを簡単に決めて、「支那は悪いやつ、やっつけてしまえ」というメディアと国のプロパガンダに乗せられる面も多かったのではないでしょうか。僕は子どものころ、四つか五つだと思いますが、「南京《ナンキン》陥落」と、新聞にプロレスのような大きな見出しが出て、それで花電車が出て、町は提灯《ちょうちん》行列で沸き返って、もうみんな万歳、万歳といって日本中の人が町に繰り出して、「南京陥落、やった、やった」と言って大騒ぎしているそのさまを見て、日本国民こぞって全部が喜んでいたなという感じがするんです。

ですからそういうふうに戦場に行って、こんなふうに悩むよりは、まず飯がまずいとか、今日命が危ないんじゃないかとかということで悩む人はいても、そういう問題で人間的に悩んだ人というのはそれほどに多くないような気がします。

立松　僕の父親は満州で兵隊に取られて亡くなったんですけれど、小さな手記を残してくれたんです。それを死ぬまでに小説にしようと思っているんだけれど、父は普通の会社員をしていて関東軍に取られたんです。兵営に入ったらめちゃくちゃに殴られた。普通の市民ですよ。ところが何回もビンタをくらっているうちに、もう何が何だかわからなくなったということも書いてありましたね。やはり思考させないんでしょうね。

五木　ほとんどの日本国民は思考停止の状態にあったと思います。

立松　怖いですね。

五木　自分は大丈夫と思ってはいけない。私たちは、自分が絶対大丈夫と思っていても、いつファシストになったり、人を殺したりするかもしれないんですから。

立松　そういうふうに考えれば、そうですね。

第七章　宗教は何かの役に立つのか

知床《しれとこ》に毘沙門堂《びしゃもんどう》を建てたわけ

五木　立松さん、宗教に現代人は何を求めるかみたいな、大上段から振りかぶった質問というわけでもないのですが、自分にとって、たとえば宗教的なものというものが、何か役に立つとか、必要だという実感はありますか。

立松　「スロー宗教」っていう、そういう言葉があるかどうかわかりませんけれど、僕は宗教というのはスローなものでいいと思っているんですよ。宗教には本来は熱烈なる信仰者がいて当然なのですが。知床《しれとこ》に十五年前に毘沙門堂《びしゃもんどう》を建てたんですね。そして、そこで毎年、六月の終わり、知床がいい季節になったときに、毘沙門堂開きをして、例祭をやるんです。村の人たちがごちそうを出してくれて、お客さんもたくさん来るんです。そのお客さんは法隆寺との関係で、法隆寺の管長さん以下、何人かのお坊さん、それから最近、京都仏教会の方や有馬頼底《ありまらいてい》さんも来られる。

五木　ほう。

立松　必ず来られるんですよ。有馬さんは相国寺《しょうこくじ》、金閣寺、銀閣寺の住職ですよね。最近では、薬師寺前管主《かんじゅ》の安田暎胤《やすだえいいん》さん。ある年は聖護院《しょうごいん》の宮城泰年《みやぎたいねん》さんという門主《もんじゅ》さんが、お弟子さんをいっぱい連れて来られて、ブオーッとほら貝を吹いてくれた。聖護院は修験道の本山ですからね。すごくにぎやかで楽しい会でした。

夏のひととき、みんな知床に来て、何となくくつろいで、番屋《ばんや》に行って大漁祈願をするんですね。祈禱が効《き》いたかどうかはともかく、鮭《さけ》、鱒《ます》が獲《と》れるんです。坊さんより普通の在家の人が多いけれど、楽しいんです。スローな感じ、スローな宗教です。

僕は山に入っても、海を見ても、ものごとに対して宗教心というのは必要だと思っているんです。スローな感じの、柔らかな宗教心、それがなくなったら対人関係もギスギスするし、自然破壊も起きる。小さな、緩《ゆる》やかな宗教心というのはみんなを救ってくれるような感じがする。

毘沙門堂をどうして作ったかというと、昔はそこに神社があったけれど、貧乏してそれがなくなってしまったんで、神社を作ってくれって村の人に頼まれたんですよ。「何で俺に頼むんだ、俺はただの小説家だ」と言ったら、「何でもやってくれそうだから」って、それだけの理由なんですよ（笑）。

五木　聖《ひじり》っていう感じですね。

立松　それで僕も困っちゃって、やってあげようと思ったんだけれど、法華宗の坊さんで歌人の福島泰樹《ふくしまやすき》氏と親友なんで、彼のところに行って、こういうわけだと言ったら、「ばか。寺にしろ」と言われて。彼のお寺は下谷《したや》の毘沙門《びしやもん》のお寺なんです。それで毘沙門堂を作ろうといって、自分たちでトンカチ叩いて、小さな小屋を作りました。すると法隆寺の前の管長である高田良信《たかだりようしん》さんが、聖徳太子殿を作りたいとおっしゃった。それで数年後には、みんなでこれも杉を削ってログハウス風のお堂を作ったんです。さらに十年ぐらいして、観音堂を作ろうという話になって、法隆寺の信徒の方たちが集まって、それで観音堂ができちゃったんです。

なんだか流れるようにできちゃって、あまり苦労していないんですけれど、毎年、例祭はちゃんとやっています。『法華経』に、「観世音菩薩普門品《かんぜおんぼさつふもんぼん》」という一章があって、一般にはここだけ取り出して「観音経《かんのんぎよう》」といわれているんですが、その中に毘沙門天を信仰する者には、観音さまは毘沙門天の姿をして現われる、と書いてあるんです。ときと場合によっては、毘沙門天は観音さまなんです。

それで、僕が書いている『救世《くせ》聖徳太子御口伝《しょうとくたいしおんくでん》』の最後では、「観音化身上宮太子《かんのんけしんじょうぐうたいし》」、つまり聖徳太子は観音さまの化身だということになっているわけですね。それで知床にも、最後に観音堂を建ててしまった。別に反対する人もなく、何となくできちゃったんだけれど、何となくっていうのがいいんですよ。一生懸命やったわけじゃない、何となくできたというのが気に入っています。

地元からも、びっくりするほどたくさんの人が参拝に来てくれます。牛一頭焼きたいと言う。殺生《せっしょう》はまずいでしょうと、坊さんたちに聞いたら、「みんなが喜ぶならおやりなさい」と(笑)。福島住職も法隆寺の高田さんもそう言ってくれた。みんなでビールを飲んで、ものすごく楽しいんです。

別に僕は管長たちをただ集めているわけじゃないですよ。勝手に来るって言ったら何だけど、お金は一銭も出していないです。むしろお寺がお布施《ふせ》をわれわれに包んでくれる。自分たちで飛行機を取って、来てくれるんです。どうせこちらには金はないだろうと、向こうも思っているんですよ。そしてたくさん人が来てくれる。

いろいろ大変なんですね、料理つくるとか、いろいろ用意するのは。だから僕なんか、もう大変だから三年に一度ぐらいにして毎年やるのはやめようと言ったら、知床の人たちに怒られた。これはやるんだと言って。

宗教的に言えば、キリスト教の人も来れば、浄土真宗の人も地元のお寺の人もたくさん来られる。法隆寺は何宗ですかとよく聞かれるんだけれど、いまは聖徳宗《しょうとくしゅう》といっていますが、本来は法相宗《ほっそうしゅう》ですよ。それから興福寺《こうふくじ》の多川俊映《たがわしゅんえい》貫首も来られました。だから、宗派はもうほとんど揃ってるんじゃないですか。永平寺の方も来られるし、新興宗教の方々もけっこう来るんです。誰が来てもいいんです。

不思議ですよ。参道祭といって毘沙門の法要をやって、そのあと聖徳太子の法要をする。毘沙門堂は福島泰樹が導師をやるんだけれど、聖徳太子の法要はもちろん法隆寺の管主さん。あと、有馬頼底さんの法話を聞いたりします。

それから宗次郎《そうじろう》も来てくれましてね、彼がオカリナをピーッと吹くと、不思議なことに向こうの梢《こずえ》にいる鳥がピーッて鳴くんです。会話するがごとくなんですよ。宗次郎も僕の友達なんだけれど、本当にスローな気分で集まったからできたのですね。やめられなくなっちゃった。

自分でこういうのをやってみて、本当に大切なのは何宗だとか、そんなことではないということがわかった。とりあえず自然があって、どちらかというと仏教の裏に自然の摂理とか真理がある、と。それに礼拝しているつもりですね。毘沙門さんを礼拝しながら、背景には知床のでかい山があったり、でかい海があるわけで、みんなそこから食材も得ているわけですよね。そういうものに対する畏敬《いけい》の念みたいな感じですね。

神仏習合——日本人が生み出した宗教のかたち

五木　うかがっていると、まさに日本的なアニミズムじゃありませんか。

立松　そうです、アニミズムです。

五木　僕はこう言っているんです。明治以来、アニミズム（自然崇拝）とシンクレティズム（神仏習合）というのは、宗教の土俗的、原始的な形態であるとして、日本人のアキレス腱のように言われており、近代では常に蔑視されてきた。でも、たとえばエルサレムをめぐる攻防などを見ていますと、純粋でまじりっ気のない宗教についても考えてしまいますね。それからやっぱり自然というものに対して、日本の神道の基本はアニミズムでしょう。

立松　そうです。昨日、僕は日光の二社一寺（東照宮《とうしょうぐう》、輪王寺《りんのうじ》、二荒山神社《ふたらさんじんじゃ》）にお客さんを連れて回っていたんです。青年が一人、どうしても見たいって言うので、一緒につき添って見ていたら、中で説明するお坊さんがこう言っていました。「明治までは、日光は、神社だ、お寺だってまったく区別せずに、みんな一緒でした。本当にそうなんです」と。僕はもちろん神仏分離令は明治の、日本史の中の悪法と思っていますけれど、あれがなかったらもっと心穏やかにいたと思いますけれどね。

五木　それぞれの人たちが、それぞれ自分に合う信仰というものを持てばいいわけなんです。だけど根本に、この日本の中で成り立つというときには、やはり日本的なものと、どこかで馴化《じゅんか》、同化しないと、その宗教は一時の徒花《あだばな》に終わってしまって、残らないような気がするんですが。

立松　そうですね。

五木　ですからそういう意味では、なぜ日本がいちおう仏教国としてコンビニをしのぐらいの数のお寺が現存しているかというと、やはり日本仏教になったからだろうという気がするんですね。親鸞聖人や道元禅師以前の南都《なんと》北嶺《ほくれい》の仏教は、基本的には御本山の、中国あるいはインドの宗教の出店だったわけだけれど、それを日本仏教にしたのは道元や法然や日蓮といった、いろいろな人たちの活躍があった。日本的霊性といいますか、日本人が本来ずっと古代から抱き続けていたような感受性と、それから言葉にならない感覚というものを習合させて、それで作りあげたものがいま残っているんだろうなというふうに思いますけど。

立松　その知床の体験ですけれど、それだけの各宗派のお坊さんが集まって、法要でみんなで読むお経は何がいいのかと、ひじょうに悩んだわけですよ。各宗派で共通のお経というのは、はっきり言ってそれはないんです。『般若心経《はんにゃしんぎょう》』は一般的で、たしかに禅とか、密教では読むんですよ。あと天台宗も読みますね。だけれども浄土系と日蓮系は、『般若心経』は読まないんです。

結局どれかを選ぶしかないんだけれども、導師の福島泰樹が法華宗なんで、『観音経』はどうだろう、と。『観音経』というのは、もともと『法華経』が二十八章あるうちの一部ですから。ただ、浄土真宗は阿弥陀一仏崇拝ですよね。だから『観音経』を読むことはありえないんだけれども、でもね、観音様というのは、阿弥陀如来がまだ菩薩で修行中のときのお姿だといわれていますから、全く関係ないわけじゃない。というわけで、そうなりました。

結局、みんなゴニョゴニョやっています。

毎年六月の最終日曜日です。どうぞ来てください。みんな喜びますよ。日経新聞の社長さんまでいらっしゃるんですよ。「これはいい」とか言って。

五木　失礼な言い方かもしれないけど、そういう催しに参加したり、そういう催しに自分で協力したりすることによって、立松さんが得ているものは何なんですか。

立松　僕は責任者で代表だから参加するのですが、参加した人たちの宗教心というものが伝わってくるんです。その期間、参加者はみんなすごく穏やかで、スローな、ロハスな、緩やかな宗教心が少しずつ目に見えて育っていくような感じがするんです。僕はあまり表に出て話すということはしないんだけれど。

でも、はっきり言うと、すごい赤字をくらって、借金の穴埋めとか大変なんです。ただ、僕はそこで自分の中の宗教心の根幹を見つめることは、すごく楽しいですね。

僕はお寺も神社も、ああいうかたちでできてきたと思うんですよ。何宗っていうんじゃなくて、自然に坊さんがやってきて、そこに住んで何かが始まるような感じ。僕のログハウスがあるところは、ほかにもいくつか仲間のログハウスがあって、まるで、それぞれがお寺の塔頭《たっちゅう》のような雰囲気です。

普段は活動はせず、一年に一回集まるだけです。ただ、僕は行かないけれど、お正月に初《はつ》詣《もうで》に来る人がいるんで、お堂を開けなくちゃいけないわけです。地元の人が喜んで、中で酒を飲んでいると思います。

宗教法人でも何でもないので住職や神主はいない。ただ勝手に神社を作れと頼まれただけなんです。何だかよくわからないけれど、やっていると楽しい。

風が吹いてくるような感覚

五木　それがたとえば突然なくなったとしたら、立松さんはどういう心境になるんだろう。心の中の何が消えるんでしょうか。そのお堂があることで、個人として何を得ているのだろう。

立松　何ですかね。何もなくていいと思うんです。その時期になると、若い農家の連中が、ワーッといろいろ労働奉仕をして、いつの間《ま》にか会場が設営されて、僕は出かけて行くだけですから。それまでの礎《いしずえ》はたしかに僕がつくってきたんだけれど。

五木　でも、その催しに参加しなくなったり、あるいはその催しが突然消えたりしたときに、立松さんの内部に起こる空白感は何でしょうか。言い換えれば、そのお堂で何が満たされているか。きっと何かによって満たされているんだろうから。

立松　そうですね、何でしょうね。よくわからんですね。よくわからんですけれど、楽しいという感じですね。

五木　ほかの楽しさと比べて、何か特別に峻別《しゅんべつ》される楽しさっていうものを探すとすると何ですか。

立松　何だろう。みんなが喜ぶ顔はけっこう楽しいですね。「また来たよ」と言われたら、一年経《た》ったんだな、と思って。

そこに来る人は、まずは知床の観光に来る（笑）。それはそれでいいんです。だけど毎回来る人はそうとばかりは言えないですよね。十五年もやっているんだから。

五木　日本の場合、寺社詣《じしゃもうで》というのは観光と密接に結びついている。それはそれでいいんです。観光のつもりで成田山に行って、それで縁《えん》なき衆生《しゅじょう》がそこで菩提《ぼだい》心を起こしたり、何か感じるものがあったら、それはそれで一つの功徳《くどく》だから、それはそれでいいんですから。僕は寺社詣と物見遊山《ゆさん》とがくっついていてもいいと思っているんだ。

立松　だから格好つけて言えば、知床のお堂へ行くと縁なき衆生は何か感じると思いますよ。それは明らかですね。ただ、それをはっきりした目標にしてやっているかというと、こちらはそこまで意識的ではない。

それから僕はもう一つ、「足尾《あしお》に緑を育てる会」というＮＰＯ法人を作ってはげ山に木を植えているんですよ。これは貧者《ひんじゃ》の一灯《いっとう》みたいなつもりで植えているんだけど、昨日見たら、かなり緑になっていた。そうすると、これは本当に宗教的だなと僕は思ったですね。

みんな何で来ているのか。僕はいつも「心に木を植えましょう」とか、そんな話をするんだけれども、毎年来る家族がいて、これも十五年ぐらいやっているんだけれど、五歳の子どもが十五年経つと二十歳になるんです。こちらもそれだけ年取るんだけれど、そういう歳月を明らかに感じます。

もともとは地元の人が中心でしたが、最近は関東以西からも来るんです。沖縄から環境問題に敏感な人が来ることもあります。宗教の話は全然しませんが、何か宗教的な感じがしますね。山が人でびっしり真っ黒になるほどです。千五百人も来るんです。

五木　だけど宗教というのは、「これは宗教です」というふうに区切りをつけないと宗教にならないところがありますよね。宗教的な、そういう人間的な感動を感じさせるような催してあっても……。

基本的には、宗教学とかという学問にとらわれる必要はまったくないと思うけれども、「何となくの宗教」というのが、さっきから話を聞いていると、日本にはあるでしょう。

ヨーロッパなんかはものごとを分類して、系統立てて体系づけていきますから、宗教と呼ぶからには聖典があり、そして出発点として教祖というか始めた人がいて、そしてそれに従う教義を守る信徒たちがいて、といった条件があるでしょう。そういうふうなもので近代的な宗教学は進んでくるわけだけれど、それにはまらないようなものも、たしかにある。

立松さんの宗教観からすると、先ほど話に出てきた良寛《りょうかん》もそうだけれども、既成の宗教の秩序というか、そういうものに縛られない、何となく風が吹いてくるような感覚というか、そういうところに宗教心を感じているような気がしますけれど。

立松　道元禅師の言葉で言えば、「流れる水とともに、ここまで来ました」っていうような、そんな感じですよ。知床の毘沙門祭なんかやっていると、ときどきどこかから来た人が、「これは何宗ですか」と聞くんです。別に何宗でもありません、教義もありません、名前もありません、戒律も何もない。一般常識の秩序は当然求められるし、料理を出すから会費はいただくけれど、あとは別に誰が来てもいいと答えます。

ただいちおう、お堂開きのための法要なので、毘沙門天と聖徳太子と観音さま、それぞれにお経を供養するという法要はありますけれど。みんな『観音経』を読んだってそらんじているわけじゃないし、配るほど経本もないから、お堂にマイクを仕込んで、お坊さんの声が響いてくるぐらいのことなんです。ここに来る人はことに宗教的な機能を強く求めているのではないと思います。

人はなぜ、お遍路《へんろ》に行くのか

立松　宗教に何を求めるかという話ですが、禅は本来は、坐禅をして、何のために坐禅をするかなどということを考えてはいけないと言われています。何のためではなくて、ただ一つの坐禅です。目的意識を持って坐禅すると気持ちが落ち着くとか、そんな実利的なことを考えるのは道元禅とはいえないですよね。ただひたすら坐る。只管打坐《しかんたざ》です。

五木　目的意識を持たないで坐禅するというのはどういう心理かということになりますね。そうすると、結局いまの時代は目的意識を持って成長するという時代であって、それに対するアンチテーゼとして、意味を求めないという行為に人が惹《ひ》かれるということもあるのかもしれない。

立松　それと、短期間に結論が出るということは絶対にないですから。期間を区切ったカリキュラムの中で悟りを開くとか、世の中をわかるなどということは、仏教ではまったくないですよね。たとえば永平寺の修行は一年単位だけれども、それで悟りを開くということは絶対にない。でもとにかく一年修行すれば、みんな何かが変わって出てきますよ。

でも、永平寺にいる間、若いお坊さんたちは美しいですよね。ずっとあのままでいてほしいなと僕なんかは思うんです。人間の身心を鍛える、身と心を鍛える、そういう力はあるんですよね。

五木　それはやっぱり無功徳ということにあるのかもしれない。すべての者は利益なり功徳なりを求めていくのが現世《げんせ》、近代の思想でしょう、何のためにという。だから何のためにという目的、それからそれによって得るものを考えないというのは、非常に盲点を突かれたような気になるのかもしれませんね。

立松　いま四国八十八箇所霊場の巡礼をする人が多いといわれていますね。では参加した人に、巡礼で何が変わったんですかと言われても、普通の人は答えられないと思うんですよね。僕は、あの四国八十八箇所巡りは、日本人の死の練習だと思っています。

五木　旅立ちの姿は死に装束ですからね。白衣を着て、杖《つえ》を突いて歩く。

立松　草鞋《わらじ》を履《は》いて、頭陀《ずだ》袋を持って、死に装束で旅するというのは、死とはすなわち旅だという感覚があると思うのです。

五木　あれこそ本当の意味での遊行《ゆぎょう》の姿なのでしょう。巡礼が始まったころは今のようなかたちではなくて、罪をせおった人とか、世間からはみ出してしまった人たちとか、人々から嫌がられる病を得た人たちとか、末期の病を抱えた人たちとか、そういう人たちが行なったようです。途中で倒れたりしたら、もう杖をつかむように歩いて。死んでしまったら道端に埋めて、そこに杖を立てればいいというわけです。

立松　もともとは死への旅だったのです。巡礼の跡を歩いていると、遍路墓《へんろばか》というのが必ず裏山にありますものね。八十八箇所を巡って、そしてお礼参りをちょっとして、また再度、死ぬまでの旅をつづける。

五木　今は巡礼者たちが供養をして、それに地元の人がサービスをしたりすることは、とても和《なご》やかな風景に見えます。美しい菜の花の中を歩いて、人々の温かい心に触れて、なんていうのどかな感じですが、あれは本来は死んでいく人たちへの手向《たむ》けなのですね。イメージが違うんです。

八十八箇所というけれど、昔は人もいないような荒れ果てたお堂がたくさんあったわけで、そんなお堂には、病んだ人びとが多くいたわけです。それから、これは差別的な表現ですが、いざり車《ぐるま》という車に、足の不自由な人が乗って、手で地面を掻《か》きながら巡礼して歩く姿も見られたそうです。そういう人たちもいた。

それから、昔は法を犯した人たちが世俗を逃れて巡礼する姿も多かった。アジール、避難所ともいえる場所がそこにあったからです。

立松　逆に言えば、そこに帰れば、罪人も業病《ごうびょう》にかかった人も生き直すことができた。

五木　世間から忌《い》み嫌われている人たち、はみ出してしまった人たち、世間を避けなければならない人たちが、そこの中に入っていくことで、一種の同朋《どうぼう》としての生き場所を与えられたのがお遍路だったのかもしれません。

立松　昔は中山道《なかせんどう》のような大きな街道には表街道の他に、必ず裏街道があって、凶状《きょうじょう》持ちとか逃亡者だけが通る、関所のない道が必ずあった。

五木　むかし『風の王国』という小説を書くときに道の歴史を調べたことがありました。日本には猟師道とか獣《けもの》道とか、いろいろな道があるわけです。その中の一つに、これも昔の差別的な表現ですが、かったい道というのがあった。かったい道というのはハンセン病の患者さんが通る道なんです。人々に、理由のない拒否感を持たれて、世間からも業病として疎《うと》まれた人たちが、痛みをこらえつつ、よじ登っていく道です。病者の道ですよね。

いまは美化されて何かアットホームな感じになっているけれど。巡礼者にお茶を出したり、いろいろなサービスをするでしょう。さっきも言ったように、こういうサービスの元にあるのは献身的な布施なんです。世間から忌み嫌われている人びとに対しての、尊い布施行《ぎょう》なんですね。

立松　そして彼らが最終的に逃げ込むところに、必ずお寺がありましたね。

五木　寺は、昔は権力の立ち入ることのできない場所だったから。

立松　西大寺《さいだいじ》なんかがそうでしょう。奈良の般若寺《はんにゃじ》もそうです。それから日蓮上人の、東京の池上《いけがみ》にある本門寺《ほんもんじ》もそうでしたね。そういう、もう一つの世界があった。いまは施設とか、刑務所に入れるという隔離政策じゃないですか。でも、何か悪いことをしでかしてしまったり、業病に取りつかれてしまったりした、苦しみを得た人が生きられる場所というものが、かつては仏教の中に設定されていたんですよね。

五木　光明《こうみょう》皇后なども、ものすごく社会活動をやっていましたね。病者のための風呂をつくるとか、行き倒れの人たちを野辺送りするとか。そういう活動も聖《ひじり》として大事な仕事だったわけだ。真言律宗などには特にそうでした。今はお寺が……。

立松　いまはもう、立派な寺に逃げ込んだら、たちまち追い出されますから（笑）。文化財を盗みに来たかと思われる。
　僕の田舎の宇都宮で、僕の出た小学校の隣りのお寺が時宗《じしゅう》なんです。そこに昔から伝わっている「汗かき阿弥陀《あみだ》」という阿弥陀さんがあって、何か世の中に変事が起きるときに汗をかくという言い伝えがあるんです。近くで戊辰《ぼしん》戦争の激戦があったんです。会津と薩長《さっちょう》の軍が戦って、死者がたくさん出た。そして官軍のほうは、薩長の側が命令したのだろうけれど、死者全員を丁寧に別のきれいなお寺に弔《とむら》った。逆に会津の軍は、賊軍となって死者は放置された。
　ところがこのあいだ、「汗かき阿弥陀」のお寺の和尚さんと話したら、自分の何代か前の和尚は、新政府と戦った賊軍の遺体を全部そこのお寺に埋めたんだと言うのです。時宗というのはそういうところがある。

五木　そうです。時宗は昔から社会奉仕をすごくやった人びとです。

立松　明治の始まるぐらいのときには、そういう精神が仏教にも生きていたんですね。国家に服《まつろ》うというか、国家そのものの仏教の体系があり、もう一つは別に服わぬ仏教の体系があって、もっと自由奔放に生きた聖の世界があって、仏教といっても非常に層が厚いですね。

コンビニエントなお葬式への疑問

五木　親鸞とか道元とか、そういう人たちが掲《かか》げた新しい仏教の灯がどうなっているかという話をしてみたいのですが、立松さんは知床に毘沙門堂をつくったりして、いろいろ自分なりの道を歩んでいるわけだけれども、そのあたりのことを聞かせてください。

立松　知床の毘沙門堂をつくった気分は、ロハスというかファジーというか、遊び半分でつくりました。これに命をかけようとか、そういう切羽《せっぱ》詰まったものは何もないのです。いまの時代というのは、そういうファジーな感覚の中にわりと本心があるように思うんです。知床毘沙門堂を発展させようとか、宗教法人にしようとか、そんなことはまったく思っていないのです。誰に来てもらおうとかも思っていないし、来たい人が来ればいいんです。僕が病気にでもなったら行けないけれども、元気なうちは行こう、ぐらいの感じですね。

そして若い連中のなかで、やりたいやつにやってもらいたい。ただ、そのことによって何をしたいというのは正直ないんです。今の時代はお寺を守っていくシステムだけがあるじゃないですか。それはやっぱり坊さんにとっては苦しいと思いますよ。僕は、坊さんたちは本来、遊行者であるべきと思っているから。

五木　本来はそうです。

立松　いまのお坊さんは、お寺にいて、葬式に来る人を待っていて、それで葬式に来た人に法を説くというやり方でしょう。でも、いまはそのやり方も壊れちゃっている。葬式は葬式会場、ホールでやるから葬儀屋が仕切っているんです。坊さんが呼ばれて、そこに来て、お経をあげる。

五木　出張してきたコンパニオンみたいにお経だけ読んで帰る、っていうかたちもあるそうですね。

立松　そうです。決められた時間にね。あげくのはてに時間がないから説法はいいですとか言われて、すごすごと帰っていく。

五木　都会生活が進んでいくにつれて、コンビニエントな葬儀というのがどんどん増えてきています。自分の家でお通夜もやらない、あれもやらない、これもやらない。亡くなったらすぐ、病院からそのまま公営のホールへ運んでいく。

結婚式場のように、葬祭業というのがいまは非常に盛んで、葬儀はきわめてシステマチックに流れていく。焼香は一人五秒とかと制限される。でも、それを現代人は歓迎するんですよね。煩《わずら》わしくないから、と。たしかに病院からマンションにお棺を運んできて、そこで弔問客が対面なんかしていたら大変は大変ですから。病院の先生と葬儀業者が癒着していて、危篤になると電話をかけるなんていう噂も耳にします。そして現代人は、それを求めている面もある。

立松　僕も体験したけれど、父が死んだときに、葬式をどうしようといっても、こっちも忙しくてもうそれどころじゃないわけですよ。親しい人が死んで、わかっていたことですが、いろいろと準備することがあるわけじゃないですか。そのときに、システマチックにやってもらえれば心理的な負担も少ないから、助かることは助かるんです。

ただ、そのシステム化がどんどん過剰になってきている。仏教にとっての、社会的な意味で唯一の公式行事というのは葬儀なんですよね。檀家制度以来、そうなってしまった。

たとえば檀家が何軒あるかによって、一年間にいくつ葬式があるというのはだいたいわかるわけですよ。それで寺が経営できるか、できないかが、決まるわけです。そんな大切な葬式も、お寺から取り上げられつつある。

五木　まあ、そうですね。

立松　住職っていうくらいで、お坊さんか奥さんは、いつもお寺にいなくちゃいけないんですよ。檀家で亡くなった人がいたら、すぐに行かなくちゃいけないからです。でも僕は、坊さんの本分というのは、お釈迦さんのまねをするのが究極のモデルだと思います。お釈迦さんがした遊行《ゆぎょう》というものをしない坊さんというのは、いけないんじゃないかと思う。

五木　最初に話したように、雨安居《うあんご》の時期のときにだけ、寺へ帰ってくるというのが正しいのかもしれません。

立松　そうですね。雨安居の時期は生命が沸騰する季節で、道端に虫がいっぱいいる。それを踏まないように堂舎にこもることにしたのが雨安居だという説もあります。お釈迦様は、一歩歩くごとに虫を踏まないかどうか気をつけて歩いたと、そういう話も伝わっています。

五木　ブッダといわれる人の生涯を振り返ってみると、二十九歳までは普通の俗人としての生活をしているわけです。それ以後の八十歳で亡くなるまでの後半生の大半は旅に費やされています。それでブッダは、やっぱり最後は旅で死ぬんですから。仏教者にとって、旅するっていうのは大事なことですね。

最期はどうやって死んでいけばいいのだろうか

立松　五木さんはどうやって死にたいと思います？

五木　僕ですか？　うーん、そうだなあ。もう一人で旅ができなくなったときかなあ。

立松　旅の人でしょう、五木さんは。

五木 旅ができなくなったときに死にたいですね。できれば八十五まで、カバンを下げてあちこち出歩いて、付き添いなしで地方の駅を乗り換えて旅をしていたい。それが理想なんだけれど、やっぱりそれができなくなったときは、もう自分で幕を引くしかないような気がする。

立松 自分で死んでしまうということですか。たしか五木さんはご著書で、自殺はいけないと。

五木 いや、いけないとは書いていないです。若くして自殺するのはまずいと言ってるんです。

立松 即身成仏《そくしんじょうぶつ》しますか。

五木 そうですね。空海は五穀を断《た》って成仏したといわれるんだけれど。それを僕は自然死と言っています。自分を殺すのが自殺。自然に死ぬのが自然死。

立松 円空《えんくう》もそうです。日本人の究極の憧れというか、仏教徒の究極の憧れは、即身成仏だと実は思っているんです。たとえば、お蚕《かいこ》さんってあるでしょう。お蚕さんは絹を出す虫だけれど、いうなればイモ虫ですよね。けっして美しくはないでしょう。あれが何回か眠って、そのつど大きくなって、最終的にサナギになるんだけれど、首を振って、自分をきれいな糸で巻いていくんですね。これが繭《まゆ》ですよね。

このきれいな糸が絹糸なんだけれども、毛虫のような虫がだんだん白い糸の中に入っていって、そのとき頭を一生懸命に振っているんだけれど、まるで生きながら仏になっていく即身成仏のような姿だと僕は思っているんです。だけどそのときのお蚕さんを、僕も小説に何度も書いたけれど、農家の人が食べてしまうことがあるんです。本当に疲れきって、育てている農家の人が無意識にお蚕さんを食べちゃう。

蚕は桑《くわ》しか食べないから、汚いということはないんですよ。

蚕を育てるということも、日本人は宗教化していたんですね。稲はもちろんそうです。僕は即身成仏というと、蚕のことが思い浮かぶんです。

これもおそらくスローな気持ちでいつのまにか身についた宗教心でしょうね。誰かに言われてじゃなくて、子どものときから蚕が生きて繭になっていくことを見ていて、紡《つむ》いでいった宗教心だと思いますね。

五木　柳田國男の『遠野物語《とおのものがたり》』にも出てくるけれども、『楢山節考《ならやまぶしこう》』みたいに、年を重ねて、これで現役引退というふうに決めたら、子どもたちに運んでもらって、山の大地の一角に置いてもらう。こういうのがやっぱり大事な気がしますね。死にどころというものをきちんと決めるというか。長生きすれば目出たかった時代は、すぎたんです。これからは、ただ長寿だけでなく、世を去る道こそ考えるときにきたんじゃないでしょうか。

ガンジスのほとりで考えたこと

立松　このあいだ、ちょっと遠野に行ってきたんです。あのへんを案内してくれる人がいて、でんでら野《の》とか、ダンノハナとかを回りました。でんでら野っていうのは姥捨《うばす》ての場所ですね。昔は六十歳になると、日中は里に下りて農作業を手伝い、夕方、わずかな食糧を持ってここの小屋に戻り、みんなで寄りそうようにして死期を待ったのだそうです。ダンノハナは、昔は囚人を斬った場所で、いまはお墓になっています。それがあまりにも村と近くてびっくりしました。
それから河童淵《かっぱぶち》。現地に行ってみると別に淵ではなくて、いまはそれらしく整備してあるんだけれど、別にとりたてて変わったところではないんですよね。本で読んだ印象とは全然違う。想像力っていうのは偉大だなと思いましたね。実物を見ると、ちょっと拍子抜けというか。

五木 先日、テレビで、古代ローマの話を見ていたところが、ルビコン川がほんとにどうということのない小川で、びっくりしました（笑）。何だ、これはと。僕はカエサルは、黄河のような大河を渡ったのかと思っていた。でも実際は馬でパシャパシャッと渡れば終わってしまうような川でしたよ（笑）。想像力って、そういうものですね。でも僕は、船でブッダが渡ったガンジスの川岸を渡り越えたときは、まさに千五百年、二千何百年の時を隔てて、すごく、感じるものがあったなあ。

立松 ブッダは肘《ひじ》を伸ばすように渡ったっていう、そういう描写がありましたね。

五木 驚いたことに、ガンジスが青かったんです。ガンジスというと、ヒンドゥーの聖地で有名な沐浴《もくよく》の場所であるバラナシなどのイメージが強烈で、黄色の濁った水だという思い込みがあるけれど、ブッダが渡ったあたりの水というのは光によって青々と見える。

それで対岸には麦畑がずっと向こうのほうまで広がっていて、その手前に、真っ白な洲《しま》、中洲《なかす》が見えるんです。そのときに初めて、『大パリニッバーナ経』の中で、ブッダが遺言のように言ったという、「自らを洲《しま》とし、法を洲《しま》とせよ」の洲《しま》の意味がわかった。あれは「洲《しま》イコール大海での拠《よ》り所」ということで燈火と訳されて「自燈明法燈明《じとうみょうほうとうみょう》」といった言い方もあるけれど、あれはやっぱり洲《しま》なんだなと思いましたね。

立松　洲《しま》と訳したのが多いですね。原語はディーパですね。

五木　「自燈明法燈明」と、日本ではいうでしょう。そういうとわかりやすいのですが、現地で見ると、「ああ、あの白く輝く洲《しま》のことを言っているんだな」ということがよくわかりました。

立松　僕は『大パリニッバーナ経』を読んで、ブッダが最後に獲得したのは、全肯定の目だと思います。一切、否定するものはないっていう、全肯定の目。

というのも『大パリニッバーナ経』の中で、一カ所だけブッダが否定している場面があるんです。それは、臨終のときに、弟子が一生懸命にブッダを扇《おうぎ》で煽《あお》いでいる。暑いところだから風を送っているんです。そうしたらブッダが「それをやめなさい、煽ぐな」と弟子を制するんです。みんなびっくりして、高弟アーナンダが、「どうしてやめさせたのですか」と聞いたら、「最後の見送りに、数え切れないほどの人たちが集まっている。ウサギの毛でつつく隙間《すきま》もないほどびっしり集まっている。そこで扇で煽ぐ者が前に立っていると、『ブッダが見えない』とみんなが騒いでいる」と言うのです。

その「やめなさい」ということが、ブッダが発した唯一の否定の言葉なのです。ほかには、否定の言葉は一切ありません。最後の最後のブッダが息をひき取る直前に、質問をしてきた男がいましたね。アーナンダはその男を追い払うんだけれど、ブッダがそれを押しとどめる。するとどうでもいいようなつまらない質問をするんですよね。でもブッダはそれにもきちんと答え、かつ説法していくわけです。どんなときでも、どんなことでも一切否定しない、全肯定なんですね。

先ほどちょっと思ったんですけど、美しい風景の中にいるっていうことは大切だと僕は思うんです。お寺を美しくして、ごみが一つも落ちてないようにするとか。ブッダがマンゴーの林にいて、月を見ながら夜話をする、アーナンダに説法したりするというのはすごく美しい風景ですよね。

五木　ほんとにそうだ。

阿弥陀仏《あみだ》とは、隈《くま》なく照らす月の光のようなもの

立松　僕は、月というものは仏教の一つのポイントだと思うんです。たとえば道元に引きつけて言いますけれども、道元は「悟りというものは月が水に映るようなものだ」と言っていますね。「月は濡れず、水は破れず」と言うのですね。

人間の心というのはそうでしょう。水に映った月は別に濡れないし、心もいろいろなことを考えて、悟りを得たとしても破れないわけですよ。悪いことをあまり心に抱え込むと破れるかもしれないけれど。

僕は『道元の月』という歌舞伎の脚本を書いたことがあります。最終的な場面に使ったんですけれど、道元の『正法眼蔵』に「都機《つき》」の巻というのがあるんです。そこに、「光は万《ばん》象《しょう》を呑《の》めり」という言葉があって、光はすべての現象を呑み込んでいるというのです。ここの光というのは、もちろん月の光です。太陽の光も包み込めるんだけれど、太陽光は非常に陰影が激しいでしょう。そこへいくと月の光は、あるかないかわからないんですよ。照っているかどうか、わからない。ブッダをやさしく包んでいる光を思い浮かべるんだけれども。

僕も中学生のころに、田舎の山にキャンプして、月が冴《さ》え冴《ざ》えと、まさに耿々《こうこう》と輝いているときだったんで、「ああ、美しいな」と思って、あろうことか月をつかもうとして、地面に指を伸ばしていって、突き指したことがあるんですね。月に跳《は》ね返されたわけです。月はつかめない。道元も、そのようなことを書いています。「光は万象を呑む」というのはそういうことであって、たとえば手をお椀の形にすれば、月光はこの中に満ちます。ところがつかもうとすると、全部指の間から抜ける。月はつかめない。

仏法も同様で、釈迦の教えというのは月の光のようなものであって、ずっと満遍なく、すべてを包んでいるんですよ。ただ何か一つを形あるものとして握ろうとしても、それは全然つかめない。それが月だと思うんですね。歌舞伎の『道元の月』の月は、その月なんですが、そういうことも書きました。

マンゴーの林でお釈迦さんが目の前の若い者に説法していくときに真理が満ちていて、その真理は太陽のようにギラギラと照らしているものではない。月のように柔らかく、それこそロハスに満ちているのが仏法の教えだと僕は思っているんです。

五木　そういうふうに言えば、たとえば科学というのは、天地自然のあらゆるものを説き尽くして解明していくわけで、宗教というのは誰が何を否定したってなくならない。これはやっぱり、太陽の光に対する月の光のような、そういうものとして人間の文明の中で、ずっと生き続けるんでしょうね。いまの宗教のありさまを、僕らはたとえばいろいろ嘆いたり、あるいは無関心を装ったりするけれど、それでもやっぱり不思議なものですね。

立松　月だからですね。月を嫌がる人はいないんです。太陽を嫌がる人はいるけれど。太陽はもちろんなくては困るんですけどね。月は、あるかないかわからないけれど、確実に存在する。月の光は万象を呑む。これが宗教の本質かなって、思っているんですけれどね。

五木　たまたま私にも同じような体験がありましてね。『人間の運命』という本の中に書いたのですが、暗い夜道を月の光に照らされた、少年のころの体験です。そういうものかもしれないですね。

立松　宗教はただ直接的に求めたりするもんじゃないということですね。ただ救ってくださいとかいうのは、ちょっと違うかもしれない。たとえば親鸞は他力といって、阿弥陀に身を投げなさいと言うじゃないですか。身を投げることが自力か他力かといわれれば、投げること自体は自力ですよね。でも、投げた先でどうしろというわけじゃないんです。もう、仏に任せるしかない。

だから仏に対して、こうしてください、こっちはいいですけれどこっちは嫌ですとか、そういうことはありえないと、僕は思うんですけれどね。本当に緩《ゆる》やかな宗教心に包まれているということが幸せなんじゃないかと思います。

五木　さきほどの例で言うと、たとえば「南無阿弥陀仏」という名号。親鸞は、阿弥陀仏よりは「帰命尽十方無碍光如来《きみようじんじつぽうむげこうによらい》」という言葉を使うんです。「南無阿弥陀仏」を六字の名号、こちらを十字の名号というんですけれど。その「尽十方無碍光如来」というのは、あらゆるところを隈《くま》なく照らす光です。ですから、阿弥陀仏とは、形もおわしまさず、姿も見えず、究極のところは、人の心の暗黒、あるいは世界の暗黒というものを無限に隈なく照らす光のようなものである。つまりは光明《こうみよう》なんだっていうことを、親鸞は最終的に言っている。

この「尽十方無碍光」という言葉で浮かんでくるのが、道元の「一顆明珠《いつかみようじゆ》」という表現です。これは唐代の玄沙師備《げんしようじび》という禅僧の言葉に「尽十方世界　是一顆明珠」とあることから道元が用いた、と山折哲雄《やまおりてつお》さんが書かれています（『道元の世界』佼正出版社刊）。尽十方、すなわち全宇宙をあまねく照らす光、それを究極の仏として思うところが重なります。

ただ光だといっても抽象的で人々にわかりにくいから、それは観音様の形だとか阿弥陀仏とか阿修羅《あしゆら》とか、いろいろな形に変えて、それを象徴して教えているだけであって、最終的にはそういうものなんだと言っているんです。それは先ほどの立松さんの話と一致しますよね。隈なく、あらゆるところに満ち渡る光ということですね。

立松　同じようなことで、道元の「偏界《へんがい》かつて蔵《かく》さず」という、すべての世界はまったく隠れていないという言葉は、「月光は万象を呑む」、というのと同じことですよ。

とかく自然観というのは、科学者が何か一つの現象を突き詰めていって、真理というものに行き当たろうとするわけですよね。ところが、「偏界かつて蔵さず」、いま目の前にすべてがあると。何も隠されていないという、僕はたぶんこの言葉が道元禅の出発点であり、究極だと思っているんです。その前に、いろいろなことがたくさんありますけれど、「偏界かつて蔵さず」という、道元が若いときに中国で出合った言葉が根本だと思います。

もう一つ、以前もお話しした老典座《てんぞ》に、道元が「文字とは何か、修行とは何か」と聞いたときに、「一、二、三、四、五」という答えが返ってきたという話もあります。

五木　禅問答だね、やっぱり（笑）。

立松　これは僕もずいぶん考えたのですが、「一、二、三、四、五」というのは何かというと、要するにすべての現象は、一つの単位に突き詰めて考えていくと、ものすごく抽象的な、意味もない言葉になりますよね。すべての物質は、素粒子だとか原子だとか、それ自体、われわれにとってはすごく抽象的です。それ自体に意味があるわけじゃないですよね。ですから文字とは何かという質問に、その中国の典座は「一、二、三、四、五」と答えたんですけど、言葉というのは突き詰めていけば、一つ一つは別に意味はないということです。それはもっと言えば空《くう》ですよ。虚空《こくう》になっていて、そこからすべてが出てくるということで、説明すればそういうことだと思うんですね。

五木　科学の真理というのは、証明することによって存在することが納得できる。でも、宗教的真理というのはね、「不合理ゆえに、われ信ず」みたいなもので、説明したら、もう宗教じゃないというところがあるんですね。これこれこういう役に立ちます、いま現代人はこういうことで疎外感に悩まされていて、こういう宗教を信じると、その心が満たされますとか、モーツァルトを聴かせると、木がよく育つとか、そういう話じゃ全然ないと思いますね。僕は最後のところはやっぱり、無功徳、功徳はないというところに尽きるのではないかという感じがするんですけれどね。

宗教は本来、健康な心には無用の長物であるけれども、でもそれを必要とする人がいるということを、ウィリアム・ジェームズはシックマインドのための宗教と言いました。
シックマインドというけれど、悩む心、悲しむ心、苦しむ心というのは人間にはありますよ。そういう心がない人に対して、宗教が必要だなんて言う必要は何もない。密《ひそ》かに心の中で大きな悩みを抱えているという人が、科学の説明とか道徳とか、そういうことで満たされないものがあって、何かを求めるときに、いわゆる「宗教に走る」というような言い方をしますよね。でも、それは菩提心ということで昔から大事なことだといわれていることです。

「生死《しょうじ》のなかに仏《ほとけ》あれば生死なし」

立松　「生死《しょうじ》のなかに仏《ほとけ》あれば生死なし、またいわく、生死のなかに仏なければ生死に惑《まど》わず」という道元の言葉があります。生き死にというのは、人生のすべてのことですよね。人生の中に仏があれば、別に改めて生死のことを考えなくてもよいということだと思います。

五木　悩むとか、惑うとかというのは自分にはあまりないんだという人もいるけれど、人間はやっぱり、生きているということと死んでいくんだということを感じるときが必ずある。「ああ、自分もいつか死ぬんだな」「自分を置いていくんだな」と。そして死んでどこに行くんだろうとか、いろいろなことを考える。その生死の問題というのを「後生の一大事」と昔は言った。

それを実感できる、早熟な天才というのはいる。前にもお話しした明恵《みょうえ》とか、そういう人は、実際にそうなる前から生死の問題に心を悩まされていた人です。それからこのあいだも、木田元《きだげん》さんでしたか、読んでいたら、若いころは自分が死ぬということが一番恐ろしくて、子ども心に泣き出したいくらいだったそうです。すごいですね。そんな体験は自分にはないですもの。

立松　誰だってないんじゃないですか。

五木　だけど、哲学的、宗教的にそういう非凡な人はいるんです。普通の人はだいたいみんな五十、六十、七十と年を取ってくると、自分の死というものについて、不安なり悩みなりを覚えるようになってくる。生死の一大事ということが一番大きな問題として目の前に浮かび上がってくるんです。再就職の問題とか定年後の問題ではなくてね。そういう問題に対する答えというのは、科学からは出てこないでしょう。

仏教信徒の誓いの文句である「三帰依文《さんきえもん》」に「人身《にんしん》受け難し、いますでに受く。仏法聞き難し、いますでに聞く」という有名な言葉がありますが、人として生まれてくることさえ至難の業《わざ》であって、その中で、たとえば仏道とか仏とかというものに出会って、それを知るということは、まことに得難い喜びであり、幸せである、といわれている。たしかにそれはあるんじゃないかな、という気がしますね。

最終的には念仏にどんな功徳があるかと聞かれて、功徳はないんだけれど、浄土を信じて念仏する人の心は、踊躍歓喜《ゆやくかんぎ》している。つまり喜んで、生き生きとして、心が喜びに満ちている。宗教は、最終的には厳粛な顔をすることだけが目的ではなくて、死を前にしても生き生きしていられるという、そこにつながっていくのではないかという気はしますけれどね。真宗のほうでは、これを安心《あんじん》というんです。

立松　僕は木喰行道《もくじきぎようどう》を調べて全国を旅した話は前にもしましたが、木喰が一番遠くに行ったのは、宮崎県の西都《さいと》というところです。そこに等身大の木喰行道の自刻像、自分の姿を彫った像があったんです。その像を見て僕はびっくりしたんですけれど、表面が削られて、顔も何もないんです。ただ平らなんです。そういう例は北海道なんかにもけっこうあるんですが、どうしたのかというと、削って木片を薬にして飲んだと。

五木　そのような例は多いです。

立松　多いんですね。

五木　石の像なんかを掻《か》いて、それを持っていく人はいっぱいいるから（笑）。

立松　薬がないときの、信心というのはこういったものです。それで何するといわれれば何もならないんだけれど。木の屑《くず》を食っているのと一緒なのですが、でも唯心論ですから、仏教というのは。その心が決めるんだから。病気といっても、それで治る可能性が十分あるんです。それで治ったという話が伝わって、また、みんな削りに行く。

道元の「生死の中に仏あれば生死なし」という言葉があり、一方で親鸞は「十方仏国《じっぽうぶっこく》浄土《じょうど》なり」と言ったでしょう。これは同じことだと思うんです。

五木　そう。十方というのは、あらゆる世界という意味ですからね。十字名号の「帰命尽《きみようじん》十方無碍光如来《じつぽうむげこうによらい》」というのは、すべての世界の端々まで行き渡っていく光に帰命するということを言っているわけだから。十方、あらゆるところに仏国土がある、浄土はここにあるんだ、ということですね。

立松　浄土というのは、やっぱりそういうふうに考えていくと、特別の場所じゃなくて、要するにわれわれの現世、生きているいまの時代には、自分自身を相対化する、そういう存在ではないかと思うんです。亡くなって浄土に行くというのは、昔の浄土教徒が思ったように、別のところに行くということではないでしょう。いま現在、われわれにとっての浄土というのは、いまの自分の考え方、いま身を置いている社会を相対化していく、照らし出すものではないかと思うんです。

五木　見性成仏《けんしようじようぶつ》などと言うんです。この世にあって、本当の信《しん》というものを得たときに、世界は一瞬にして違って見えてくる。そこでいっぺん、過去の、昨日の自分は死んで、そして新しく生まれ変わった自分になってくる。そういう喜びをみんなに伝えたいというのが親鸞の本音でしょうね。

だけど人は結局、一定不変のものじゃなくて、いったんそういう信《しん》を得ても、翌日にはまた迷い、挫折する。それは煩悩《ぼんのう》のせいだといっているわけです。その煩悩というものを背負っているからこそ、仏は煩悩を背負ってその中でフラフラしている人間に手を伸ばして救おうとするんだ、といっているわけです。だから、また念仏して立ち直る。

それで、人は「繭《まゆ》」になる。繭になったということは、いっぺん成仏しているんですよ。それで、またその人間が次には別な命をうる、というふうに変わっていく。

立松　蛾《が》になるんですね（笑）。でも蛾にならないと卵を産めないから。短い命ですよね。

人はこの世で生まれ変わる

五木　先ほども話しましたが、親鸞の場合には往相《おうそう》、還相《げんそう》という言葉が一つのキーポイントとよくいわれます。浄土にいったん行った人間は、そこである期間を経《へ》て仏となって、娑《しゃ》婆《ば》の世界へまた戻ってきて、菩薩として人々のために働く。これは浄土に行って戻ってくるという話なんだけれど、心の中で、信というものを得たときに、その人間は浄土に行ったと等しい感激の中に自分を発見し、そして生まれ変わった人間として、この世に生きる。昨日の自分が今日の自分と違うという、そういう再生のことを言っているんだと僕は考えています。そうでないと、もうこの現世は、大昔から帰ってきた菩薩で満杯になってしまう（笑）。

立松　親鸞の言葉に、現生不退《げんしょうふたい》という言葉がありますね。現世に生まれて、退《ひ》かない。そして生きていること自体に意味がある。

五木　それを宗派的にいうと、正定聚《しょうじょうじゅ》の地位を得るということで、確実に自分は、もうこの世の中で信を得たという喜びの中にいて、菩薩や仏とひとしいと言っているんです。ひとしいというのは同じになったわけじゃないけれど、ひとしい立場に立っているという言い方でしょう。不謹慎な発言ですけど、親鸞は、やっぱりあの世で仏になってもしょうがないと、心の底では思っているんじゃないですか。そんなことは本人は言っていませんけど。

立松　本音はね。

五木　そこが道元から、「百尺の竿頭、一歩進むべし」と言われたことと符合しますね。

立松　おもしろいですね。それこそ『法華経』の思想というのは、やっぱり泥のようなこの娑婆世界の中で、泥に染まらずにハスの花を咲かせること。ただ、このあたりに尽きてくるんですね、仏教の救いというのは。なかなか煩悩は捨てられないけれど、できるだけこの世の汚れに触れないで生きるということは、不可能ではないですよね。完全に触れないということはありえないけれども。

五木　僕は浄土教の思想を三つの言い方で表現したことがあります。最初は「泥中《でいちゅう》にあれど花咲く蓮華かな」。次は、「泥中にありて花咲く蓮華かな」。最後は、親鸞とか法然とかになると、「泥中にあれば花咲く蓮華かな」。泥中にあってこそというのが最後の到達地点です。最初は、泥中にあっても何とか救われますよという話、その次は、泥中にあっても、そのまま救われるという感じです。最後は泥の中にいるからこそ美しい花が咲くんだという、こういう三段階でできていると思いますね。

だから念仏というのも三つの段階でできているんです。最初はやっぱり「お願いします」という依頼の念仏です。その次には、「お任せします」という念仏、もう自分は捨てて、あなたの手にお任せしますという。最後に、法然、親鸞、蓮如になってくると、報恩感謝の念仏といって「ありがとうございました」と言っているわけです。もう自分は救われたという確信がある以上は、そこでお願いしますということもない、お任せしますということもなくて、ありがとうございます、と、ただそれだけ。「ああ、うれしい」「ああ、ありがたい」。これがナマンダ、ナマンダということになる。

能登のほうに行くと、お年寄りたちが、お茶を出されても「ナンマンダブ、ナンマンダブ」と言う。別れるときも「ナンマンダブ、ナンマンダブ」。あれは全部、ありがとうございましたと言っているわけでしょうね。「ありがとうございます」という言葉が、「ナンマンダブ、ナンマンダブ」。もう自分は救われたんだ、阿弥陀の救いの手に乗せられているんだと信じられているときには、ありがたいと言うしかないんですね。

念仏も歴史的に見ると、「お願いします、お頼みします、何とか助けてください」の念仏から、「お任せしました、よろしくお願いします」という念仏になり、その次はもう、「ありがとうございます、ありがとうございます」というのに尽きていく。念仏の三段階の発展というのがあります。蓮如は、最後の念仏は報恩感謝の念仏であるというふうに繰り返し言っているわけですね。いま念仏を唱えるのは、「お願いします」でも「お任せします」でもなくて、「ただもうありがたい、嬉しい」ということなんだと教えているんです。

立松 たとえばこのあいだ奈良の法華寺《ほっけじ》に行ったんです。きれいな十一面観音があるところなんだけれども、光明《こうみょう》皇后が死の床に阿弥陀仏を飾って、極楽往生を願ったというような寺宝がたくさんありますね。

いろいろな物語を読むと、切実に極楽往生を願っていたけれど、死ぬときに阿弥陀の光も出てこなかったし、阿弥陀如来の随伴者である観音菩薩も勢至《せいし》菩薩も見られなくて、泣きながら死んだなどという話も残っていますね。それは極楽往生をお願いしているわけですよね。

五木 そう、お願いしているわけです。そうしてくださいと頼んでいる。

立松 だから、鈴木大拙《すずきだいせつ》の『日本的霊性』には、妙好人《みょうこうにん》が出てきますが、妙好人は、念仏をしながら、ただひたすら「ありがとう」と言っているわけです。

五木　そうですね。

立松　妙好人というのは、なんら特別の人ではなくて、ごく普通の人。下駄屋さんとか農民ですよね。

五木　彼らに念仏をすすめたお坊さんは、ひょっとしたら、いいかげんな金儲け主義の坊主だったかもしれない。だけど「念仏をしたら、阿弥陀如来があなたを救ってくださるんですよ」と言われた側は、「ああ、そうですか。こりゃ嬉しいことだ」というふうに、もうそのまま信じてしまって、それ以外のことは何も考えずに、「ああ、ありがたい、ありがたい」と言っていた人ですね。その念仏がゆるがない。それが妙好人でしょう。

だから法然が言う、「愚かなる人こそ浄土へ行く」というのはそういう発想なんだろうと思うけれども、われわれは一度知性の知という偽りの世界をかいくぐってきた人間だから、なかなか戻るに戻れないんですよ。

立松　染まっちゃって（笑）。

五木　一定《いちじょう》、地獄行きなんですよ。

なぜ現代人は、愚に憧れるのか

立松　そもそも愚《ぐ》っていうけれども、なかなか愚になりきれんですね。

五木　だからそれは憧れなんです。ですから愚禿《ぐとく》親鸞なんていうでしょう。愚でありたいと思うけれど、親鸞は当時の大知識人ですから。『教行信証《きようぎようしんしよう》』を書くぐらいで、あらゆる経典を読破した大教養人が、愚って名乗るっていうのはちょっとおこがましいのではという感じはどこかありますけれど、それは愚への憧れなんです。

立松　良寛にしても大愚《たいぐ》良寛ですからね。

五木　「愚の中の極愚」って最澄も言っていますね。最も愚かな。インテリも上までいってしまうと、今度は自己否定というか。

立松　そこへいくと、名もない市井《しせい》の人々である妙好人《みようこうにん》は愚でしょう。

五木　本当の愚。

立松　本物ですよね。

五木　出戻りじゃない。

立松　でも妙好人は、自分で愚って言わないですよ。

五木　ええ。言わないでしょうね。自分のことを愚なんて絶対言わない。

立松　そうですね。「南無阿弥陀仏」とは言うけれど、大愚とも愚禿とも言わない。

五木　だけど愚の世界は一つの理想というか憧れなのであって、人間というのは小賢《こざか》しい知恵というものを得て生まれてきて、義務教育を受けている中で何がしかの知識は身につけるから、なかなか自分のことを愚とは言えないですから。

立松　やっぱり行きつくところまで行った人じゃないと、愚なんて言ってはいけませんね。

五木　そうだろうね。われわれが下手に言ってみたところで……（笑）。まあ「偽愚《ぎぐ》」の徒、ぐらいかな。

立松　自分のちょっとした書斎や小部屋に「愚庵」とか、愚のつく言葉をつける人がけっこう多いようだけれど。

五木　われわれが言うときの愚は、せいぜい小愚《しょうぐ》なんです、言ってみればサル知恵なんです。でも大愚というのはもう、突きぬけていて、天真爛漫《てんしんらんまん》。天然ボケかもしれません。

立松　良寛には、誰が大愚とつけたのか、よくわからないんだけれど。良寛の師の和尚さんが、嗣法《しほう》するときに「大愚良寛」と字を入れたんですね。愚こそ本物だ、と。たぶんそのころから愚の片鱗《へんりん》が良寛にはあったんでしょうね。

五木　この世はやっぱり利口な人間がうまく立ち回って成功していく世界ですからね。その中で、愚であったら一国の首相にはなれない、大臣にもなれない。いまはもう大臣を見ていると弁の立つ人ばっかりだから。

宮沢賢治にみる愚への憧れ

立松　愚というものの一つの理想は宮沢賢治にありますよね。『法華経』の一章に「常不軽菩薩品《じょうふきょうぼさつぼん》」というのがあって、常不軽菩薩というのは、誰と出会っても「私はあなたを決して軽んじることはありません」といって礼拝する修行者なんです。ずっと礼拝行をしていて、「私はあなたを軽蔑しません、なぜなら、あなたはいつか必ず仏になる身ですから」と言って、カコーンと殴られたり、棒ではたかれたりしながら、「私はあなたを軽蔑しません」と言い続ける。

五木　それは時宗《じしゅう》の聖《ひじり》が一遍《いっぺん》上人の念仏を書いた札をみんなに配るのと似ていますね。「俺はそんなものいらないよ」と言っても、「まあいいから、持っていてください」というのと一緒だよね。時宗の聖は生涯にわたって配って歩いたでしょう。

立松　それで刀杖《とうじょう》、刀や杖を加えられても、忍辱《にんにく》を忍ばんといって、礼拝行を続けていく。最後に死ぬときに、菩薩になっていった。そういう「常不軽菩薩品」に宮沢賢治はすごく影響を受けていると思うんです。常不軽菩薩の詩もいくつかありますし。

五木　「雨ニモマケズ」というのは、要するに愚に対する典型的な憧れの詩ですね。

立松　そうですね。

五木　寒さの夏はオロオロ歩き、みたいなね。

立松　「自分を勘定に入れず、苦にもされず」。だから『法華経』から見ると、やっぱり常不軽菩薩なんですね。これは愚ですよ。愚の系譜というのが、仏教にはあるんです。たとえば白隠《はくいん》なんかもそうですね。

五木　そうですね。白隠は大知識人だから。

立松　ものすごいですよ。先日、東京国立博物館に、「すたすた坊主」という墨絵が何点か出ていた。すたすた坊主というのは雑用をする坊さんで、ふんどし一本で走り回って、ものをあっちへ運んだり、こっちへ運んだりする。それは白隠の絵で、讃《さん》がついているのですが、描かれた「すたすた坊主」の絵柄はどれも布袋《ほてい》さんなんですね。布袋につながっていくんですね。

五木　親鸞が生涯憧れ、自分の理想像とした人が、沙弥《しゃみ》教信《きょうしん》という人です。沙弥というのは仏道に入って修行していながら、妻子を養い、正業を営む人のことですが、教信というのは、平安時代の初期に、いまの兵庫県加古川《かこがわ》を中心に活動した人で、称名念仏の創始者ともいわれています。里に住んで、結婚して、普通の家庭を営みつつ、近所の人の手伝いをしたり、荷車の後押しをしたり、道路補修をしたりして、食うや食わずの生活をしながら、念仏を絶えず唱え続けて死ぬわけです。要するに念仏乞食《こつじき》ですね。

それも、そのような本当の念仏の人だったから、死の間際にはさぞかし浄土の光が差して、妙《たえ》なる音楽が起きて、すばらしい往生《おうじょう》を遂げるだろうと思ったら、何のことはない、死体は犬に食われて散らかっていた、というんです。

親鸞は、その教信という人が自分の理想像だった。聖で、信仰心を持ち続けながら人々の中にいて、それこそ「すたすた坊主」ですね。荷車の後押しをしたり、田畑の収穫の手伝いをしたり、道路の改修工事をやったりしながら生涯暮らした。女房もいて、死んだあとは、死骸《しがい》は犬に食われる。

立松　おもしろいですね。常不軽菩薩ですよね。道元の『正法眼蔵』の中にけっこうそういう人物が出てくるんです。思いつくままに言うと、龐居士《ほうこじ》という人がいて、その人は大金持ちだったんだけれども、突然、自分の持っている財産、財物は害毒だと悟って、これを捨てようとした。

そうしたら周りの人が、「それはもったいない、せっかくの財物を捨てるな。どうしても捨てたいのなら、お寺か何かに寄付したらどうだ」と言うんです。すると、自分が害のものだと思っているのに、どうしてそれを人にあげられるのかと言って、全部海に捨ててしまった。そして奥さんと二人、籠《かご》を編んでカツカツの生活をしていた。やがて龐居士は立派な禅者になった。そういうことが『正法眼蔵』の中に紹介されています。

五木 それはなかなかですね。

立松 これも愚ですよね。

五木 まさに愚ですね。

女性は救済されるものではなかった

立松 『維摩経《ゆいまぎょう》』におもしろい記述があるんです。『維摩経』というのは維摩居士という人が病気になったので、お釈迦さんが弟子を次々に見舞いにやらせるんだけど、そこで、一人ひとりが議論して、みんな維摩にやっつけられるというストーリーなんです。

第一番に一番弟子の迦葉《かしょう》が行くわけです。そうしたら、維摩にこうやられるんです。「法は平等である。すべての者に平等である。あんたは、貧しい人を救おうと思って貧しい人ばかりに托鉢《たくはつ》をした。法は平等なのに、それでは金持ちは救われないではないか」と。維摩にとって法における平等というのは、一切区別しないということ。それが仏法だと思うんです。金持ちだからと差別しちゃいけないし、女性だからといって区別しちゃいけないわけです。古い仏教では、やっぱり女人禁制《にょにんきんせい》とか、そういうことがたくさんあったけれど。

五木　それが常識でしょう。ただブッダのときから、仏の前では一切無差別という考え方が仏教の中の一番大事な思想だと思いますね。

立松　親鸞は奥さんをめとった。これは女人差別はしていなかったということでしょう。

五木　そうです。当時は男女差別が社会の常識だったわけで、パラダイムというか、ものの考え方が基本的にそうだった。それで途中で変成男子《へんじょうなんし》という考え方が出てきて、女性は往生できないけれど、いったん男子に生まれ変わることでもって、浄土へ迎えられるという考え方になるんです。それは苦肉の策というか、無理してひねり出した発想なんですね。差別感は強いと思います。

比叡山も高野山も女人禁制ですから、はっきり女人と賤《いや》しき者、難病の者、また賤民《せんみん》は登ることあたわずという立て札を立てていたぐらいだから、差別感はすごかったでしょう。そのへんはちょっと違う。仏教の最初のスタート地点が、すでにして間違っている。

立松　何年か前、紀伊半島の大峰山《おおみねさん》に登ったんですが、あそこはおそらく今でも唯一の女人禁制の山なんですよ。もうほかにはないと思います。登山道の入口に土産物屋のようなお店が並んでいて、「女性が来たらどうするんですか」と聞いたら、「見つけたら帰るように説得します」と。「それでも登ると言ったらどうするんですか」と言ったら、「簀《す》巻きにして外に出します」と(笑)。半分冗談のようで、本当かどうかわからないけれど、笑いながら言っていました。

ただ、昔は昔なりに女人禁制を解決しようとして、たとえば大峰山も隣りの山はいいとか、高野山も室生寺《むろうじ》に行くのはいいとか、女人堂《にょにんどう》まではいいとか、別ルートが必ず設定されていました。

五木　女人高野《こうや》というのがある。

立松　それは室生寺ですよね。

五木　先ほど日本的とか中国的とか言ったけれど、仏教も本当に変わってきていますね。ブッダの最初のころの仏教というのは、わかりやすくて、そんなに難しくない考えで、できるだけ日常をこういうふうにやっていこうという考えが元でした。たとえば戒律の戒にしても、それを破るということは最大の罪を犯すということではなくて、あれは一つの目標なんですね。

立松　たとえばその戒を万が一破ってしまったら、いくつか後戻りのない戒は設定されているけれど、たいていのときは、みんなで何カ月にいっぺんぐらい集まりがあって、「自分は戒を破りました」と懺悔《ざんげ》すると許されるというシステムがあった。

五木　戒の処理の仕方には、いろいろな約束ごとがいっぱいあったのです。

立松　どんなことがあっても絶対だめだというのでもないんですよね。ここも柔らかいんです。

第八章　現代における道元と親鸞

男体山《なんたいさん》で経験した足下を照らす一灯の光

立松　この間、男体山《なんたいさん》に登りました。登ったときに、最初ものすごく体の調子が悪くて、登ったはいいが真っ暗になってしまったんです。いま百霊峰巡礼というのをやっているのですが、それでカメラマンと編集者もいたんだけれど、懐中電灯を誰も持っていなかった。山をなめていたんですね。

僕が足を引っ張っていたんだけれど、とうとう真っ暗になってしまって、周りが見えなくて動けなくなってしまった。遠くの中禅寺湖《ちゆうぜんじこ》畔に光があるんです。その光はこっちに来れば救われるよと言ってくれているわけです。でも僕が欲しいのは足元の光で、どんな心細くてもいいから、この足元の一歩をどこに踏み出せばいいのかを教えてくれる光なんですよ。それで仕方なく、ゆっくりゆっくり足元を探りながら下りて行って、そうしているうちに、もう本当に真っ暗になりました。

そうしたら前にポツッと懐中電灯の明かりが見えたんです。見ると、おばあさんがへたっていたんです。自分は男体山に登りたくなって登り始めた。そうしたらもうこんなにきつい山とは知らなかった。お弁当も食べられなくて、ここまで来て身動きとれなくなりましたと言うんです。それで僕らに会ってホッとしているわけです。

　僕らは完全に闇の中にのまれて、一歩も足をどこに出していいかわからない。おばあちゃんは体が弱っていたけれども懐中電灯を持っていました。つまり人を救うということは、あなたは右足をどこに出しなさい、左足をどこに出しなさいと教えてくれることだと、そのとき僕は切実に思ったんですね。

　僕らはそのおばあちゃんを励まして山を下りて、息子さんの会社の保養所に泊まっているというので、そこまで送っていった。その女性は、「本当にありがとう。助かりました」と、何度も何度も僕らに言うんです。僕らは「そうじゃない。救われたのは僕らです」と、こちらも何度も何度も言いました。「あなたの懐中電灯があったので下りられたんです」と言いました。

　救いというのは、救ったんだか、救われたんだかよくわからないことが多いですよ。そのときに僕は暗い山で迷ったときに、自分を本当に救ってくれるのは、前を歩いている人、ちゃんと方向を示してくれる人だと思いました。どこに行っていいかわからなくなってしまったのですから。

たとえば末期がん患者になってホスピスに入っていたとして、そのホスピスは本当に暗闇に入ったと一緒でしょう。その人の救いとなるのは、前を歩いた人だと思うんです。できたら、助かる人のあとをついていって、結果救われるのが一番いいんだけれども、そうもいかないとしたら、生き方を教えてくれる、死に方を教えてくれる、そういう人が本当の意味で救いになるんじゃないでしょうか。

唐突ですが、観音さまというのは、やっぱりその苦しみの声を聞いて、そばにいてくれる存在で、僕は男体山で観音さまに会ったと思いました。そのおばあちゃんには、いろいろなことを教えてもらったなと。

親鸞と道元が目指したものは、同じものだったのか

五木　ところで親鸞聖人と道元禅師は、方法論はずいぶんと対照的に見えますが、この二

人が目指した究極の目的というのは同じものなのかどうか。私は、同じで違う、という感じですけど。物事ってそうでしょう？　同じか違うかっていう、そういう二者択一的なものじゃないと思いました。同じであり、同時に違う。これが真実だと思いますね。立松さんは、どう見ていますか。

立松　もちろん最終的な目標は人を救うこと、その一点に尽きるわけだから、目的は一緒ですよね。それ以外のことはないわけです。御殿をつくろうとか、お寺を大きくしようとか、この二人に限ってはまったく考えていなかったことは明らかだし、教団をつくって、大きくして後世に弘めていくという考えも、まったくなかったと思います。自然に弟子が集まるのは仕方がないですね。

方法論が違うのは、たどってきた人生が違うから当然のことであって、二人は仏教の革新者です。鈴木大拙《すずきだいせつ》ふうに言えば日本的霊性を確立した、仏教を日本に根づかせた人、日本の仏教を築き上げた人となるでしょう。仏教に一枚岩ではないですから、人を救うのに一つの方法しかないというのは、変でしょう。一見違うようで目的は同じという方法論は当然あるわけです。

僕はたまたま縁《えん》という話をしましたけれど、道元禅師の小説を書いたから、いま道元のことを話している。道元に縁があったから、縁をいただいたから、話しているんだと思います。なかなか言葉を尽くせないもどかしさが自分の中にあるけれど、やっぱり釈迦の弟子というか、仏弟子だと思いますね。それは道元も親鸞もそうだし、五木さんも僕もやっぱり仏弟子だと思います。使っている語彙《ごい》が違ったりするだけで……。

五木　たとえば道元と蓮如は同じかといったら、違う。これははっきり違うと言えるんです。道元と親鸞は同じかといわれると、まあ目指すところは一つだろうけれども、生き方は違った、ぐらいのことは言える。ところが、蓮如となってくると、教団を大きくするということは非常に大きな使命だったから、それはもう道元とは全然違う。そういう意味での違いと共通性というのはありますよ。

立松　蓮如に匹敵する人物は曹洞宗の中にもいたわけですよ。能登の総持寺《そうじじ》をつくった瑩《けい》山紹瑾《ざんじょうきん》という僧が全国普及をしたんです。そして本当に曹洞宗が大きくなったのは、能登のほうの総持寺が燃えて、明治になって横浜の鶴見《つるみ》に越してきてからです。それからグングンと大きくなった。別に曹洞宗自体は新しくはないけれど、そういう組織者が何人かいて、そのことによって現在の教団というのがあると思うんです。
ただ、道元禅師自身は亡くなるまで、本当に少数の弟子とともにいた。ですから永平寺といっても、当時は、いまの永平寺と比べものにならない小さいものだったと思います。
五木　親鸞もそうですよ。熱心な親鸞のファンがいて、親鸞の教えに帰依《きえ》する人が関東とか、あちこちにいた。だけどそれはメジャーではない。いまのような大教団とは全然スタイルは違う。そこは道元と一緒ですね。
立松　迫害された人たちでしょう。
五木　野《や》のグループというか。
立松　それでも信仰をやめなかったという人たちが、数は少なくとも残ったんだと思うんです。
五木　そしていまは、曹洞宗、浄土真宗ともに、巨大な宗派になっている。かたちの上では主流です。

宗教の根底は、現世利益と関係なし

立松　現代と宗教のことを考えてみましょう。戦後も、ついこのあいだまでは努力をし、頑張れば何とかなった。しかし、いま格差がここまで進んで、不平等が目の前に広がって、努力とかそのくらいのことでは解決できそうもない。そういうときに、やっぱり助けの一つは宗教じゃないかと思うのですが、どう近づいていったらいいか、わからない。ただ近づいていけばいいのかというと、それは間違いだと思います。たとえば道元の勉強をしたら、それは心は救われますよ。でも就職ができるとか、そんなことはまったく関係ないですよ。道元は何かのために坐禅をするかということではなくて、ただひたすら坐禅しろと言っている。そうすると何かあるかもしれないし、ないかもしれない。

たとえば坐禅して、木犀《もくせい》のにおいがすることがあるとか油が空から落ちてくるような幻覚を見ることがあるとか言って、それで悟ったという人がいるけれど、そんなものは放っておけとよく言われます。これをすれば何になるとか、うまく生きられるとか、信じたからすぐご利益をもらえるという考えは、僕は間違っていると思います。

自分の生き方の問題だから、現世利益とはちょっと違うんですよ。お釈迦様を信仰したから、すべて釈迦の威徳によって何でもうまくいくとか、商売で金も儲かるとか。そんなことは仏の教えとは違うと僕は思いますけれどね。

五木　宗教の支えがあれば自殺を踏みとどまることができた、ということはあるかと考えると、私はそれはないと思いますね。それはもう縁という言葉でしか言えないけれど、人が何かの信仰に入っていくというのは人間を通じてなんですよ。本を読んで、突然目覚めて信仰に入るということは、ありえないことではないと思うけれど、それはあまり続かない信心だと思います。

誰か身近に接した人がいる。どうしてこの人にはこんなことが可能なんだろうと、何となくその人の生き方とか、そういうものが慕《した》わしく感じられる。その人の話を聞いていて、なぜか心安らぐ。その人は控えめで、自分は宗教者だとかそういうことは言わない。それでもいろいろと尋ねているうちに、「自分はこういう信仰を持っているんです」ということがフッと漏れてくる。そうすると自分も同じものに入っていきたいというふうになっていくのが、信仰の基本的な入り方だと思いますね。

ただ、キリスト教も仏教も、人を折伏《しやくぶく》するということを使命とする傾向があって、特にキリスト教はそれが強い。未開の人々、異教徒を人間らしい人間に導いていくために人を教化するということです。一つの義務としてやっているわけです。いずれにしても、宗教にはいろいろな入り方があると思うけれど、宗教が現世的な何かの役に立つということは、僕はほとんどないと思います。

ないと思うけれど、宗教に入る最初のときには、キリスト教でも何でも、病《や》める者を治したり、盲《めし》いた者の目を見えるようにしたり、立てない者を立たせたりという奇跡が、ものすごく大きく作用した。

そして日本で古来より宗教といわれるもの、神道とか、社《やしろ》とか、そういうもののほとんどは、雨を降らせてほしいとか、五穀豊穣を祈るとか、病気平癒とか、家内安全、あるいは商売繁盛を祈願するというものが大きいですから、そういうことで近づいていく人もたくさんいると思いますけれども、究極のところは、直接の役には立たないと思う。
　宗教の根底は無功徳《むくどく》だと思いますね。宗教を信じれば心が安らかになるかというと、それはなる場合もあるし、ますます惑《まど》う場合もあるし、その人がそこへ入っていくかどうかというのは縁ですから。

立松　功徳があると思って信じると、もしなかったときに逆ギレするじゃないですか。その人は、信仰者になる資格はないと思います。お賽銭《さいせん》をあげたからいいことがあるかというと、何もないじゃないですか。でも、ただ神社の維持のために何がしか使ってくれという、布施《ふせ》の気持ちであげればいいんです。
　道元は、布施というものはへつらわないことである、むさぼらないことである、と言う。布施というのは一方的にあげるものだから、へつらわない、むさぼらない。たとえば宗教を信じたから何かあるというのは、へつらいですよ。これを信じたから自殺を思いとどまったという実利的な新興宗教はたくさんあるんですけれど、親鸞や道元とは次元が違うと思いますね。

五木　いまだに、合格祈願だとか病気平癒の祈願は多いでしょう。それはいつまでたってもなくならないと思う。中国であれだけ大きな革命をやって、仏教寺院を叩き壊したけれど、いままた中国は仏教全盛です。ただし、いまの中国の仏教というのは、全部現世利益ですね。

何か目に見えない力にすがって、いまの自分の願望を実現したいという気持ちは、人間がいるかぎり永遠に消えないでしょうね。ですから占いの人も減らないだろうし、いわゆる超能力者もなくならないだろう。これはもう、この西暦二〇一〇年の現代においても、イギリスなんか神霊学会みたいなものがとても盛んですからね。非合理なものとか、超能力的なものとか、超自然的なものとか、こういうことに憧れる人間の感覚というのは永遠に消えないと思います。

湯島天神《ゆしまてんじん》なんかに行くと、理科系の大学に合格を祈願している人が多いですよね。近くに医科歯科大や医大があるせいもあるだろうけど、理科系の大学に志願する人が、科学的精神に頼らないで天神様にお祈りするというのも変ですよね。でも、世の中はそういうものですよ。人間というのはものすごく矛盾したもので、これから先もなくならないと思いますよ。

立松　宗教というと現世利益とすぐに結びつくのだけれども、親鸞、道元には、現世利益のかけらはどこにもありません。ただ、自分が、「南無阿弥陀仏」と言って救われるという気持ちになったら救われるし、「何だ、インチキだ」と思えばそうだし。でも、いろいろ話を聞いたり、文献を読んだり、お寺にお参りして、説法を聞いたりしているうちに、信じるというよりも、何かコトリと落ちるような感じというか、そういうときがある。それはどういうときなのかと言っても、なかなか語りえないけれど。

「小さな悟りは数知れず。大きな悟りは一度、二度」というけれど、その一度、二度がなかなかないですよ。だけど小さな悟りが人生に大きいんだと思いますね。

五木　アメリカあたりでは二週間で悟りが得られますよ、という禅のセミナーがあるそうですが、こういうことをやると心の安らぎが得られますよという宗教は、その話とあまり変わらない。

だけど、道元とか親鸞の生きた時代には、自分は死ねば確実に地獄にしか行きようがないというふうに、毎日毎日を悶《もだ》え苦しんで、何でこの世で地獄のような生き方をして、死んでまた地獄かというふうに絶望に押しひしがれて、もうどうしようもない人たちが山のようにいたという時代だから、それはまた別ですよね。

まず、いまとは時代が違う。いまは食べるに困らず、暖房、冷房もある。浄土を求める激しい願望は、人びとの間に、いまはないと思いますね。物質的な満足が、いまは非常に多く得られているから。

ただ、物質的な満足の行きつく先に大きな不安というものがあるとしたら、現在、年間に三万人以上という自殺者が十数年も続いて出ているわけでしょう、そういう人たちが、ある種の疎外感とか孤独感を抱いて生きていることは事実でしょうね。だけどそれを癒《いや》してくれるものが必ずしも宗教とは限らないと思います。あまり現世利益的に宗教を考えないほうがいいなというふうに思いますけれど。

道元、親鸞の世界に親しむことによって、楽になる部分はあるかというと、それは人によりけりだろうと思います。縁がない人というのは、どんなにいい法話を聞いたり、いい言葉に出会ってもだめでしょう。それは僕自身がそうでしたからね。親鸞も最初のころ、法然の念仏の話を聞いているんです。聞いているけれど、心に響かない。ところが二十九歳のときに、本当に何か特別の悩みにぶつかったときに初めて心に響いた。だから、同じ言葉を聞いても違って聞こえるんです。

僕は初めて蓮如の『白骨《はっこつ》の御文章《ごぶんしょう》』というのを、普通に机の上でテキストとして読んだとき、何と月並な美文だろうと思うだけで何の感動もしなかった。けれども自分の家族が亡くなって、その悲しみの中で、あの言葉を声に出して読んでもらい、耳から聞いたとき、全然違ったものに感じられた。文字が立ち上がってきたように感じて、号泣しましたね。そういう体験からすると、それなりの状況にないと、その人は仏教とかというものに出会わないのかもしれません。いまの時代は本当の宗教に出会う機会が少ない、といえるでしょう。

立松　結構みんな宗教には興味があるんですよね。何かを求めようとしているわけでしょうね。神社でお賽銭《さいせん》をあげればそれだけで願いがかなうなんてみんな思っていやしませんけどね。神や仏に願いごとをするというのは、合格できますようにとか、あの人と結婚できますようにとか、金持ちになれますようにとか、仕事がうまくいきますようにとか、やっぱり煩悩みたいなところが多いですよね。

五木　ただ、何となく、いまは宗教的なものへの自然の時代の流れというか、関心があることは事実なわけです。「阿修羅《あしゅら》展」はあれだけの人が集まって、阿修羅像の表情を見にきて、感激して言葉もないなんて言っている若い人も多かったですね。ああいう像とか、そういうものに対して最初から拒絶反応があれば、人はやっぱり見ないですから。

立松　僕なんかは木仏《きぶつ》金仏《かなぶつ》と思っているから。仏像が美しいのはそれでいいんですけれど。これだけで仏教の力で心安らぐとか、仏教がわかるというようなことでは全然ない。仏教の入口の、門が見えたっていうようなところだと思うんですね。

五木　美的に仏像を語るというのは、ちょっと本筋とは違う。仏像は信仰の対象ですからね。

立松　でも美しいものを見て美しいと思うことはいいことですよね。

五木　それはそれでけっこうな話なんです。でも「私は仏教に親しみを感じています」みたいな、「私はお茶のたしなみがあります」とかっていう世界とは、ちょっと違うような感じもします。仏教と人とは、その人その人の縁だから。ちょっと投げやりな言い方みたいだけれど、やっぱり信仰がなくては生きていけないような人も世の中にはいるし。

立松　僕は『正法眼蔵』を繰り返し読んでまして、山に入って森の中に行くようなとき、「ああ、『正法眼蔵』にこういうことが書いてあった」というようなことを、ときどき感じるんです。それで、別に声が聞こえるわけじゃないけれど、ときどき『正法眼蔵』の言葉が聞こえてくるようなときがある。「ああ、『正法眼蔵』を読んでいてよかったな」と思うことはしばしばあります。

宿業《しゅくごう》とは前向きな思想であると考えてみる

立松　宿業とか運命とかを考えると、道元の場合は、徹底した現世主義者です。浄土のことは一つも言っていないし、末法《まっぽう》もないと言っています。

五木　そうですね。道元は末法のことは考えていない。

立松　いかに現在を生きるか、ということのために仏法はあるという立場です。現在という、このとき、この場をよりよく生きるということだと思うんですね。

前世からの宿業とか、そういうのは仏教の持っている根本的な話ですよ。前世の行ないが悪かったとかね、前世がよかったからこの世でお釈迦様になったとかという話はたくさんあります。それを信じていたか信じていなかったか僕はわからないけれど、それはもう当たり前の教養としてあったと思いますけれどね。

「月のウサギ」という話があります。これはすごく有名な話で、『ジャータカ（本生経《ほんしょう》）』にもあるし、『今昔物語』にも載《の》っている話なんだけれど、大乗仏教の究極の理想というのは自己犠牲だと思うんです。人々のために、自分が犠牲になるということ、究極の行ないといったほうがいいかな。

「月のウサギ」はこういう話です。サルとキツネとウサギがとても仲良くしていました。実際に生態的には考えられないですが、お話ですから。とにかく三匹仲が良く、かつ信心深かった。帝釈天《たいしゃくてん》がそれを見て、彼らの信心が本物かどうか確かめようとした。そして行き倒れになった老人を装って三匹が来るのを待った。やがて三匹がやってきて、「どうしたのですか」とたずねる。老人は「お腹が空いて死にそうだから、何か食べさせてくれ」と言うわけです。

サルは木に登って、木の実をたくさん取ってきました。キツネは川に入って、魚をたくさん取って食べさせました。ウサギは何もできません。それでみんなに怒られるわけです。「あんたは口だけで、何もできないじゃないか」と。そうしたらウサギは「おサルさん、薪《たきぎ》をたくさん取ってきてください。そしてキツネさん、そこに火をつけてください」とお願いする。そして自分がそこに飛び込んで、自身の体をその老人に供したのです。帝釈天はもとの姿に戻り、その心根を大変に憐《あわ》れんで、慈《いつく》しみの心をもって、ウサギを月に連れていって供養しました、という話です。

自己犠牲という究極の行ないに対する思いというのは、仏教徒だったら誰だってあると思います。それは宗派とか関係ないと思います。

道元にそれがあったかといわれると、わからないけれど。経典にも似たような話がありま す。たとえば法隆寺の玉虫厨子《たまむしのずし》に捨身飼虎図《しゃしんしこず》に描かれていますが、あれは『金光明経《こんこうみようきよう》』というお経に書いてある話です。薩埵《さった》太子という太子が身を投げて、子どもと母親の飢えたトラにわが身を供養したという話。それらは一つの理想として、説かれているんですけれど。ちょっと話がずれました。あからさまな宿業というのを信じていたかどうか、僕はわからないのですが、心の中には、「前世に何かしてしまった、それはこの世で正すことができる」というふうな考えはあると思います。

五木　要するに宿業とか、前世っていうのは、その人が生前の時代に生きていて、侍だったとか、人を殺したとかというふうには、僕は考えていない。前世というのは、自分の及ばぬところでの人間関係のことです。両親の子であるということだけで、自分がその両親の遺伝子を受け継いでいるということは、自分の努力とか選択とかは関係ないわけで、それがすなわち宿業なんです。

たとえば両親がカトリックの子どもというのは、幼児洗礼を受けますから、カトリックになってしまうわけです。セバスチャン何とかっていう名前を持っている友達がいたけれど、「これは家がカトリックだったもんだから、子どものときにつけられちゃった」と言っていました。両親がカトリックだったっていうことは、宿業ですね。両親が日本人であったということ、アジア人であったということ、あるいはイスラム教徒であったということ、先祖が黒人奴隷であったということなど、これは前世の宿業ですよ。

モハメッド・アリは、「アフリカから連れてこられた黒人奴隷の子孫である自分」と言っていました。それは本人の責任でもなんでもないわけで、ただ、それを背負っていることは事実です。男であるとか女であるとかということにしても、男として生まれたということは、自分が選択したことではないから、自分の力や意思の及ばぬことです。これを宿業というふうに考える。

前にも述べましたが、ユダヤ人に生まれるか、ナチスドイツのファシストの息子に生まれるかというのも、自分ではどうしようもありませんから、それは宿業というべきなんでしょうね。アウシュビッツの悲劇を考えると、自分の行動によってあそこに運ばれたわけじゃない。あれはやはり当時のファシズムの全盛期にユダヤ人として生まれたという宿業のせいで彼らはあそこにいたわけです。追いやった側のナチスの行動がもちろん原因だけれど、でも自分がユダヤ人であるという存在を背負っていなかったら、あれはありえなかったわけだから、それはやはり宿業という言葉で言えることだと思いますね。運命という言葉で言ってもいい。

宿業が、ある程度運命とは違うのは、前向きな思想なんですよ。いまここで自分がどういう行ないをするかによって、あとの結果が決まってくるというわけだから。全部背負わされたということではなくて、自分のいまの選択が、あとの結果を決めるという発想とつながっているのです。

前世、現世、来世というふうに考えると、現在の自分というものは前世の、そのようないろいろな業《ごう》、カルマというものを背負っている。そして自分のいまの行ないというのは、来世、その次の世界の結果をつくるというふうに。

親鸞は、はっきりとそう言っています。あらゆることには原因がある、理由のないことはないというのが仏教の思想の根本の一つですよね。関係性があって、それから因果関係が生じてくる。これはそのとおりだと思う。人は単独で生きているのではなくて、世界中のさまざまな人やものとつながっている。

自分の母がいて、父がいて、そして父と母が恋愛して一緒になったからこそ自分というものが生まれた。その父と母のさらに両親がいて、っていうふうにたどっていくと、それはもう、どこまでもどこまでもずっと広がっていく。そういう宿世《すくせ》というか宿業というか、そういうものをわれわれは背負って生まれてきている。これは否定できないと思います。

僕はいつも考えていたのが、何で自分が敗戦のときに、かつての大日本帝国である植民地に、その植民地の支配国の少年として生まれたかということです。あのとき、もし自分が朝鮮人として生まれていたならば、八月十五日は祖国が復活した喜びの日である。日本人だから、あそこでは自分の祖国が崩壊した、悲惨な生活の始まりだったわけです。

自分は子どもだったから別に植民地にしようと思って朝鮮にいたわけでもないし、朝鮮人を蔑視《べっし》していたわけでもないんだけれど、でも自分は日本人であったという烙印《らくいん》が背中に押されている。植民地支配者の子弟であった。だから、さまざまなかたちでの迫害とか、戦後の苦しみを得るのは当然のことなんだ。でも、「俺は別にそういう気持ちはなかったよ、俺は子どもだったから責任はなかったよ」と言えないのが、宿業なんです。植民地支配者の子弟、その一族という烙印を背中にポンと押されている。それは否定できないですよ。そういうことだろうと思いますけれどね。

宿業観というものは仏教の原則の一つで、根本だと思いますね。人はよき行ないをすれば、よき結果につながるという考え方は、仏教の根本にある考え方です。

「衆善奉行《しゆぜんぶぎよう》 諸悪莫作《しよあくまくさ》」——よいことをして、悪いことをしない

立松　仏教の根本というのは、「衆善奉行《しゆぜんぶぎよう》　諸悪莫作《しよあくまくさ》」といって、よいことを行ない、悪いことはしないという、これに尽きるんだと思うんです。何がよいか悪いかというのはまた難しいことですが、聖徳太子が自分の子どもに与えた遺言が「衆善奉行　諸悪莫作」です。これは聖徳太子の言葉ではなく、仏教の根本的な言葉なのですが。

宿業を自分が背負って、前世か親か、そういう自分とはかかわりないところで、どんな宿業が身に詰まっていようと、自分のやることは衆善奉行、諸悪莫作。そうすると次はよくなるし、必ず因果が変わるから、仏教は因果を変える宗教でもあると僕は思いますね。どうやって因果が変わるか。つまり次の世じゃなくて明日でもいいんですが、明日はよくなるということがあるのですね。

「色即是空《しきそくぜくう》　空即是色《くうそくぜしき》」といいますが、色即是空は、「現象はすなわち空である」、空即是色は「空はすなわち現象である」ということ。これは言ってしまえば、よいことはいつまでも同じ状態で続かない。諸行無常ですから、いつまでも同じ状態で続かない。そのためには因縁、縁《えん》が大切ですね。縁をよくしていけば、果《か》は自ずとよくなるわけです。

それと同時に、悪いこともいつまでも続かない。いいこともいつまでも続かない、常に諸行無常にさらされているのがわれわれの人生だから。というのは別に道元の教えでもなく、親鸞の教えでもなく、仏教の根本の考え方だと思いますけれどね。

五木　すべてが変わるというのはすごいことだ、と思います。宿業といっても、宿業を背負っているから変わらないというのはありえない。宿業も可変的なものとして考えられる。それが親鸞の思想につながっていきます。人間は状況の産物であるというような、同じようなことを道元も言っている。人は、善人、悪人とかということでなくて、その状況に置かれたときに、どちらにでも動く不確定な存在なんだ、というふうに。

「諸悪莫作」ということで言えば、よいことをしようと思いながら、一生懸命やりながら、結果的にそれがすごく人に対して悪いことになってしまったとか、悪事に落ち込んでしまったとかというドラマが、人間にはある。

立松　『歎異抄』の中に、「わが心のよくて殺さぬにはあらず」と。

五木　そうそう。「わが心のよくて殺さぬにはあらず」。たとえば、被差別部落に生まれたために、ゆえ知れぬ迫害なり差別を受けて結婚できなかったとか、苦しんだという人がいたとする。それを宿縁だから仕方がないと諦めない。つまり状況も変わるという確信。この可能性ですね。変えよう、変わるのだ、と。すべてのことは、善も悪も全部変わっていくんだ、と。

立松　そのためには、「衆善奉行　諸悪莫作」しかないんですね。

五木　少しでもよく生きていこうと願うしかないという、最後はすごくシンプルなところに行きつきますけれども。

僕は、すべては変わるという、不変なものはないという考え方が身についている場合には、たとえば自殺しなくてもすむんじゃないかという気がするときがあります。いまの閉塞《へいそく》された状態というのが不変であると考えると、自殺につながっていくような気がするんです。状況は変わるというふうなことが柔軟に考えられていたなら、いまの自分の置かれた状況が八方塞《ふさ》がりであったとしても、「八方塞がりだって変わる、続かないんだ」という考え方があれば、少し見方が変わると思いますけれど。

立松　諸行無常だから株価が落ち込んでも、またいつか上がる（笑）。

『正法眼蔵』と『歎異抄』に教えられること

五木　やっぱり逃げ場がないという考え方を否定するのが仏教だと思いますね。逃げ場はあるというか、状況は変わる。

立松　ポジティブな考え方ですよね。

五木　生を苦《く》と見るからネガティブだと思われるけど。

立松　一つ間違えるとネガティブになることでも、それをプラスに考えていくと、因果は変わるんだから。

五木　ヨーロッパでは仏教は、かつて苦の宗教ととらえられていました。苦から現世をスタートするということで、ネガティブで厭世的な発想であるとされたようですが、仏教はこの世を苦と考えて、その苦の中で、どのように楽に生きていくかっていうところを探していたんだから、ある意味ではポジティブな思想ではあるんです。

この苦しみの中で何とか生きていく道はあるのか。それはあると考える。そして、どこから苦しみが生じてきたのか、原因を明らかにする。その苦しみを取り除く方法はあるのか。あると考える。それで四諦八正道《したいはっしょうどう》というようなマニュアルを考えつくわけだから、そうとうポジティブな思想です。

立松　でも、その苦の認識というのは、生老病死《しょうろうびょうし》の四苦《しく》でしょう。

五木　そうです。

立松　誰だって年取っていくし、誰だって老いて病気になって死ぬんですよ。これは見なければ見ないですむけれど、それを見て、これを苦だと言ったんだから。

五木　きびしい現実認識ですよね。

立松　現実そのものですよ。

五木　勇気をもって現実を認識する。そこなんですよね。

立松　でも、その因果は変えることができない。

五木　いまもそうです。

立松　だから、それを宿業とはいわないですよ。変わるものは宿業かもしれない。あんまり宿業という考えが僕はないもんだから、普段、緻密《ちみつ》に考えていないけれど。でも釈迦は変えられない不変の真理を、八正道《はっしょうどう》、十二因縁《じゅうにいんねん》で苦しみも除けると言った。苦を滅《めつ》するというのは仏教の根本の発想ですから。

五木　悪人も往生できるとか、女性も往生できるという考え方は、ものすごくポジティブな考え方だと思いますね。

立松　でも、それを日本できちんと言ったのは、親鸞が初めてですよね。

五木　それ以前にもあったのです。しかし、大衆にきちんと語ったのは、法然、親鸞でしょう。

立松　道元も『正法眼蔵』の中で、悪人正機説までは言っていないけれど。

五木　同じようなことを言っていると思いますね。

立松　言っています。それが一般的に、ポピュラーにはなってこなかったという現実もありますけれどね。『正法眼蔵』もそう読まれた本ではないんですね。江戸時代ぐらいから、ようやくポツポツと表に出てきたんです。

五木　われわれは何でも昔からそうだったと思っているけれど、さっきの話を聞くと、曹洞宗というものが日本でこれだけの一大勢力になったというのは近代からなんですね。

立松　明治以降だと思います。

『正法眼蔵』は閲覧禁止の本でした。坊さんも含めて一般の人間は勉強するものではない、と。「行持《ぎようじ》」の巻というのがあって、行持というのは絶えざる修行という意味ですが、絶えざる修行をしたお坊さんの列伝です。達磨《だるま》から如浄《によじよう》まで、上下二巻にわたって書いてあります。また良寛になってしまいますが、おそらく良寛は『正法眼蔵』ではその巻しか読んでいないと思います。というのも、当時はそれしか出ていないんです。江戸時代になって、ようやく版木本で「行持」の巻が出て、本当に全部読めるようになったのは近代だと思います。

五木　そのへんを本当にちゃんと語っておくと、それは「おお、そうなのか」と意外な気がする。

立松　『歎異抄』もそうですが、同じように宗教の本当の魂というか、道元の魂は絶対に『正法眼蔵』にあるんですよ。威儀とかそういう儀式ではないですよ。親鸞の魂《たましい》というか本心というんでしょうか、人間洞察の、何かやはり核心のところは……。

五木　むしろ『歎異抄』によく表われているんです。

立松　そうでしょう。それをだから隠してきたというのは不思議な感じがします。

五木　では、このつづきは次回ということで。

立松　わかりました。

あとがきにかえて――立松和平追想――

五木寛之

立松和平さんとは、細く、それでいて長い縁だった。

最初に知りあったころ、立松さんはまだ早稲田の学生で、私たちは気やすく「ワッペイ」とか「ワッペイちゃん」とか呼んでいた。そのころから、四十年以上の年月が過ぎ、今年の春、彼は思いがけず先に逝《い》ってしまった。

一九七〇年代の半ばに、彼が宇都宮からくれた長い手紙がある。すでに早稲田文学新人賞を受け、「新潮」に作品が掲載されてはいたものの、小説家としては厳しく辛い時期だったのだろう。

生活を支えるために宇都宮市役所に就職して、家庭を支えながら小説を書く日々を自嘲気味に語りつつ、それでも文学への熱い思いをペンにぶつけるようにつづった分厚い手紙だった。

私はその手紙に返事を書かなかった。今の勤めをやめて、上京してペン一本でやっていくというのはどうだろう、と、手紙のなかで彼は私の意見をたずねるような形をとってはいたが、それはすでに本人が決意したことだと一見してわかる文章だったからである。

やがて彼は仕事をやめて上京し、次々と作品集を刊行する。『遠雷《えんらい》』で野間文芸新人賞を受賞し、それが根岸吉太郎《ねぎしきちたろう》監督によって映像化されたときは、すでに文芸ジャーナリズムの若き旗手として立松和平の名は大きな存在感を示すようになっていた。テレビにもよく出演するのを見た。

しかし、どんなにメディアに酷使されようとも、彼は自分のペースを失うことがなかった。そのことをいま、改めてすごいことだと思わずにはいられない。

立松和平という作家は、じつによく旅をする書き手だった。岡山で坪田譲治《つぼたじょうじ》文学賞の記念講演があったとき、彼は一時間以上もおくれて会場に姿をあらわした。その間、代役の私が必死で話をつないでいたのだ。

「いやー、すみませーん」

と、頭をかきながら現れた彼の顔には、悠久の宇宙の営みのなかで一時間ぐらいの遅刻がなんだ、というような朗《ほが》らかな微笑がうかんでいた。私は文句を言う気にもなれず、これが人徳というものだな、とつくづく感じさせられたものである。

彼の本名は、立松ではなくて、横松である。縦でも横でもどっちでもいい、要するに人間は生きることが大事なんだよ、という一種の居直りが立松和平の雰囲気にはあった。

『流れる水は先を争わず』という一冊の追想集が手もとにある。このなかに友人の藤《ふじ》田《た》和芳《かずよし》さんが書かれている回想記が身にしみた。

藤田さんの文章によれば、立松和平さんは春と秋の二回、俳句の会に出席していたという。あの「ワッペイ」が俳句を？　と、私は驚いたのだが、二〇〇四年の春に出席したとき彼が詠《よ》んだのは、

「命あり　今年の桜　身に染《し》みて」

という句だったという。じつは、その句会の直前に心臓の弁の手術をして退院したばかりだったらしい。

いささか平凡にも感じられるこの句を、その状況のなかにおいて読み返してみると、「命あり」のフレーズがずしりと重く迫ってくるところがある。

「きょうもまた命ありけり」

という、際《きわ》どい感覚のなかで、彼は日々を旅していたのかもしれない。

立松和平の生活と同様に、その仕事も絶えず流れ動いていた。『途方にくれて』から『光の雨』へ、そして『毒　風聞・田中正造』へ、さらに戯曲『道元の月』を書くころ、彼はすでに各地の寺を歩き、修行に参加し、仏教への旅を続けていたのである。

『道元禅師』は、そんな立松和平の大きな里程標であったと言っていい。この対談のなかでも語っているように、それは長い年月をかけて完成された作品だった。ほとんど時期を同じくして、私は『親鸞』を新聞に連載した。

『親鸞と道元』の内容は、長い長い立松和平さんとの縁のなかから、自然に浮かびあがってきた主題である。

この一冊のなかでふれているように、親鸞と道元の立場は大きくちがう。それにもかかわらず、宗教の根本精神において両者は火花を散らせて交錯する一瞬がある。

それは究極の救いと悟りを、人間と宇宙の深い闇を照らす光として直感している点である。親鸞は「無碍光《むげこう》」という。道元は「一顆明珠《いっかみょうじゅ》」という。両者は全宇宙と自己とが無限の光にみたされる瞬間を思い描くのだ。

この連続対話は、エンドレスな語りを想定してはじまり、立松和平さんの死とともに中途で終わった。両者の対話を企画し、それを一冊の本にまとめあげてくれた小林文乃氏と、終始その企画を支えてくださった祥伝社の竹内和芳氏、また編集と構成の仕事を担当してくれた角田勉氏、水無瀬尚氏の皆さんがたに、心からお礼を申し上げたい。

平成二十二年十月

「あとがきにかえて」は単行本収録のものを再録いたしました。

道元

	道元の事績　(　)は年齢	仏教関係の事績	年代
	1200（1歳）京都に生まれる	1175　法然、浄土宗を開く 1191　栄西、宋より帰国 1198　法然『選択本願念仏集』 1200　鎌倉幕府、念仏宗禁止	
	1207（8）母逝去。無常を悟り発心	1202　栄西、建仁寺創建 1206　明恵、高山寺創建	1200
	1212（13）元服を前に、出家を求める 1213（14）天台座主・公円について剃髪 1214（15）栄西の室に入り、臨済に触れる 1217（18）明全に師事す	1211　法然赦免、京に戻る 1212　法然、死去（80） 明恵『摧邪輪』で念仏宗を批判 1215　栄西、死去（75）	1210
	1223（24）入宋の途に上る 1225（26）天童山に如浄禅師に相見 1227（28）如浄から嗣書を授かり、帰国 1230（31）深草の安養院に入る	1227　延暦寺衆徒、法然の墓を破却	1220
	1233（34）深草に興聖宝林寺を開く 1234（35）このころ『学道用心集』を著す 1236（37）興聖寺開堂。懐奘を首座に任ず 1238（39）このころ懐奘『正法眼蔵随聞記』	1232　明恵、死去（60） 1234　幕府、専修念仏禁止 1238　鎌倉大仏造営開始	1230
	1243（44）越前に向かう 1244（45）大仏寺を開堂 1246（47）大仏寺を永平寺と改称 1247（48）鎌倉に向かい、北条時頼と面会	1246　蘭渓道隆、宋より来日	1240
	1253（54）永平寺住職を懐奘に譲り上洛。弟子・覚念の屋敷で死去	1253　日蓮、法華宗を開く 1260　日蓮、『立正安国論』	1250
		1271　日蓮法難、佐渡に流罪 1274　一遍、時宗を開く 1289　一遍、死去（51）	1260

■は、親鸞と道元の生涯が重なっている期間を示す。

■『親鸞と道元』関連年表

親鸞

年代	一般事項	親鸞の事績　（　）は年齢
	1185　平家滅亡 1192　鎌倉幕府開く 1199　源頼朝死去	1173（1歳）京都に生まれる 1181（９）出家得度。範宴と名のる 1191（19）聖徳太子廟に詣でる 1200（28）この頃まで延暦寺で修行する
1200		1201（29）延暦寺を出て、法然の門に入る 1205（33）『選択本願念仏集』を書写 1207（35）越後に流罪（法然は土佐に流罪）
1210	1212　鴨長明『方丈記』	1211（39）流罪赦免の沙汰あり 1214（42）このころ関東に入る
1220	1221　承久の乱	1224（52）稲田にて『教行信証』を撰す
1230	1232　貞永式目制定	1235（63）京都に帰り、『唯信鈔』書写
1240	1241　藤原定家死去	1247（75）『教行信証』は、この頃までに成立か 1248（76）『浄土和讃』『高僧和讃』を著す
1250		1252（80）『浄土文類聚鈔』を著す 1253（81）息子の善鸞を布教のため東国に派遣 1255（83）『愚禿鈔』『浄土三経往生文類』を著す 1257（85）『一念多念文意』を著す 1258（86）『正像末和讃』を著す
1260	1274　文永の役 1281　弘安の役	1262（90）京都に死す 1290　　　この頃『歎異抄』成立

親鸞・道元の著書・関連書一覧

【親鸞】

教行信証（きょうぎょうしんしょう）

浄土真宗の立教開宗の根本聖典とされ、教巻《きょう》、行巻《ぎょう》、信巻《しん》、証巻《しょう》、真仏土巻《しんぶつど》、化身土巻《けしんど》の六巻からなる。この世での往生成仏を説いた書。正式には『顕浄土《けんじょうど》真実《しんじつ》教行証文類《きょうぎょうしょうもんるい》』。「正信念仏偈《しょうしんねんぶつげ》」は、本書「行巻」の末尾にある、七言一二〇句からなる偈文。

浄土文類聚鈔（じょうどもんるいじゅしょう）

『教行信証』の要点を述べたもの。『教行信証』を「広文類」と呼ぶのに対し、本書を「略文類」とも称す。

愚禿鈔（ぐとくしょう）

親鸞が自ら領解《りょうげ》を述べたもので、二巻からなる。

入出二門偈頌（にゅうしゅつにもんげじゅ）

『二門偈』『往還偈《おうげんげ》』とも。五念門《ごねんもん》の行にちなんで、他力廻向《えこう》の奥義をあらわした書。

三帖和讃（さんじょうわさん）

『浄土和讃』『高僧和讃』『正像末《しょうぞうまつ》和讃』の三帖からなる。

浄土三経往生文類（じょうどさんぎょうおうじょうもんるい）

『無量寿経《むりょうじゅきょう》』『観無量寿経《かんむりょうじゅきょう》』『阿弥陀経《あみだきょう》』に説かれる往生の教説の別を、経論釈を引いて明らかにし、かつその真仮《しんけ》を批判した書。

尊号真像銘文（そんごうしんぞうめいもん）

真宗の名号や先徳の肖像に書き加えられた讃銘の文を集め、解釈をほどこした書。

一念多念文意（いちねんたねんもんい）

隆寛《りゅうかん》律師の『一念多念分別事』に引証する経釈に註釈し、その意味を明らかにした書。

唯信鈔文意（ゆいしんしょうもんい）

聖覚《せいかく》法印の『唯信鈔』に引証する経釈の要文に註釈し、その意味を明らかにした書。

如来二種廻向文（にょらいにしゅえこうもん）

往相《おうそう》、還相《げんそう》の二種廻向に関する要文を集めたもの。

弥陀如来名号徳（みだにょらいみょうごうとく）

阿弥陀仏の十二光を解説し、十字、八字の尊号の徳を述べたもの。

末燈鈔（まっとうしょう）
親鸞自らの体験内容を記した法語、および諸国の門弟に送った書簡を編集したもの。

親鸞聖人御消息集（しんらんしょうにんごしょうそくしゅう）
親鸞の書簡集。常陸《ひたち》居住の門人たちが、善鸞《ぜんらん》らによって惑乱された信仰を正そうとして編集したものとされる。

御消息集〔善性本〕（ごしょうそくしゅう）
親鸞の書簡集。常陸・飯沼の善性《ぜんしょう》が編集したものとされる。

親鸞聖人血脈文集（しんらんしょうにんけちみゃくもんじゅう）
全五通の消息中、四通が性信《しょうしん》に関するもの。ほかに親鸞の越後配流の記録を含む。

恵信尼消息（えしんにしょうそく）
親鸞の内室・恵信尼の書簡八通からなる。

歎異抄（たんにしょう）
親鸞の没後、真宗教団に異義異端の徒があらわれてきたのを嘆いた著者が、なお己の耳の底に残っている師の言葉にもとづいて、その教えの概要を記したもの。著者は弟子の唯円《ゆいえん》であることがほぼ定説となっている。

【道元】

正法眼蔵（しょうぼうげんぞう）

道元三十二歳から五十四歳まで、三二年間の説法を和文で綴った書。題名は釈尊が自ら自覚して、代々の祖師を通じて如浄《にょじょう》、道元へと伝えられた仏教の根本真理をさす。道元自身の手になる七五巻本、一二巻本のほか、編集によって六〇巻本、八四巻本、九五巻本などがある。

永平廣録（えいへいこうろく）

道元一代の上堂《じょうどう》（法堂の説法）、法語《ほうご》、頌古《じゅこ》などを、その直弟子や門人たちが編集したもので、全一〇巻。

永平清規（えいへいしんぎ）

「典座教訓《てんぞきょうくん》」「弁道法《べんどうほう》」「赴粥飯法《ふしゅくはんぽう》」「衆寮箴規《しゅりょうしんぎ》」「対大己法《たいたいこのほう》」「知事清規《ちじしんぎ》」の六編からなる。それぞれ単独に著された僧房の規則に関する著述。

正法眼蔵随聞記（しょうぼうげんぞうずいもんき）

弟子の懐奘《えじょう》が、聞くにしたがって筆記し編集した道元の言行録。平易な和文にまとめられ、道元の日常の修行生活のありさまを知るうえで最上の書。

学道用心集（がくどうようじんしゅう）
初心者のために、参禅学道の心構えを一〇カ条にわたって簡潔に述べたもの。
普勧坐禅儀（ふかんざぜんぎ）
道元が宋から帰国して最初に書いた坐禅の書。師である天童山《てんどうさん》の如浄から伝えられた道元の立場が強く打ち出されている。
宝慶記（ほうきょうき）
道元が南宋の宝慶年間（一二二五～一二七）に天童山の如浄に参禅した際に、師に質問したことを問答体で記録した書。
傘松道詠（さんしょうどうえい）
道元の和歌、約六〇首をあつめた書。

五木寛之《いつき・ひろゆき》

1932年、福岡県生まれ。ピョンヤンで終戦を体験し、47年に引揚げ。早稲田大学中退後、多くの職に就いた後に『蒼ざめた馬を見よ』で直木賞を受賞、『青春の門　筑豊編』他で吉川栄治文学賞を受賞。『朱鷺の墓』『戒厳令の夜』『風の王国』などの数多くの小説群のほかにエッセイ集の著作も多い。2014年には小説『親鸞』の三部作を完結させた。

立松和平《たてまつ・わへい》

1947年、栃木県生まれ。早稲田大学政経学部卒。インド放浪、市役所勤務などを経て、作家活動に専念。『遠雷』で野間文芸新人賞、『毒―異聞・田中正造』で毎日出版文化賞、『道元禅師』で泉鏡花文学賞を受賞。2008年には親鸞賞を受賞している。『救世―聖徳太子御口伝』『奇蹟』『晩年』『光の雨』など著書多数。2010年、急逝。

親鸞《しんらん》と道元《どうげん》

五《いつ》木《き》寛《ひろ》之《ゆき》　立《たて》松《まつ》和《わ》平《へい》

2018年11月10日　初版第1刷発行

発行者……………辻 浩明
発行所……………祥伝社《しょうでんしゃ》
〒101-8701　東京都千代田区神田神保町3-3
電話　03(3265)2081(販売部)
電話　03(3265)2310(編集部)
電話　03(3265)3622(業務部)
ホームページ　http://www.shodensha.co.jp/

装丁者……………盛川和洋
印刷所……………堀内印刷
製本所……………ナショナル製本

Printed in Japan ISBN978-4-396-11554-8 C0295